U0934614

淳而真的沈从文

王顺勇 著

北京工业大学出版社

图书在版编目（CIP）数据

淳而真的沈从文/王顺勇著. —北京：北京工业大学出版社，2016.7

ISBN 978-7-5639-4692-1

Ⅰ.①淳…　Ⅱ.①王…　Ⅲ.①沈从文（1902～1988）—传记　Ⅳ.①K825.6

中国版本图书馆CIP数据核字（2016）第100692号

淳而真的沈从文

著　　者：王顺勇
责任编辑：马潇潇
封面设计：书心瞬意
出版发行：北京工业大学出版社
（北京市朝阳区平乐园100号　邮编：100124）
010－67391722（传真）　bgdcbs@sina.com
出 版 人：郝　勇
经销单位：全国各地新华书店
承印单位：大厂回族自治县正兴印务有限公司
开　　本：880毫米×1230毫米　1/32
印　　张：7
字　　数：150千字
版　　次：2016年7月第1版
印　　次：2016年7月第1次印刷
标准书号：ISBN 978-7-5639-4692-1
定　　价：28.00元

前　言

中国古代有位著名田园诗人陶渊明，他传世名作《桃花源记》中的“仙境”成为历代文人墨客仰慕之地，人们都在苦思冥想地寻觅梦中的桃花源并为此留下了很多脍炙人口的诗歌作品。到了19世纪，中国现代乡土文学大师沈从文写了著名田园作品《边城》，从而让他的家乡凤凰城名声远扬，成为世界著名旅游名胜。人们迷恋《边城》里翠翠的纯真，痴迷凤凰城纯美的自然风光，更仰慕凤凰城淳美的民风民俗。一部《边城》，将中国湘西地区的美丽田园风光展现在世界面前，让中国乃至世界的人都了解到了湘西淳美的乡土民情。

可是，如果细心了解沈从文的成长经历，你会发现他和别人有很多不同的地方：他小时候没有像其他孩童那样一味地坐在教室里读书，将眼光聚集在小小的教科书里边；也没有像别的孩子那样，从“小书”的字里行间摄取知识。相反，沈从文将眼光放在了校园之外的那本自然的、社会的、人生的“大书”里面，从广阔的天地中了解人世间的百态。他感觉，世界上的山山水水似乎更有至美的灵性，丰富多彩的社会生活相对于小小的课本以及文字来说似乎更加生动具体，更加富有韵味，更加富有营养。因此，沈从文的眼光不是在于课本，而是在于大千世界。而这个大千世界，才是让沈从文获得更加丰富的知识的最终渠道。在谈及自己的创作时，沈从文这样说——

“伟大作品的产生，不在作家如何聪明，如何骄傲，如何自以为伟大，与如何善于标榜成名，只有一个方法，就是作家诚实的去做。作家的态度，若皆能够同我家大司务态度一样，一切规规矩矩，凡属他应明白的社会上事情，都把它弄明白，同时那一个问题因为空间而发生的两地价值相差处，得失互异处，他也看得极其清楚，此外“道德”，“社会思想”，“政治倾向”，“恋爱观念”，凡属于这一类名词，在各个阶级，各种时间，各种环境里，它的伸缩性，也必须了解而且承认它。着手写作时，又同我家中那大司务一样，不大在乎读者的毁誉，做得好并不自满骄人，做差了又仍然照着本分继续工作下去。必须要有这种精神，就是带他到伟大里去的精神！”

了解沈从文的人都知道，相对于书本中的东西，大自然的美好和社会生活的丰富多彩似乎更能让沈从文迷恋，更能让他流连忘返。也正是美妙的大自然的气象万千和社会生活的异彩纷呈，才让少年沈从文不只是对其进行简单的欣赏和观察，而是全身心地进行了拥抱并义无反顾地融入其中。沈从文挣脱了传统教育的束缚，从教室里跑了出来，将眼光从课本的字里行间转移到了大自然和大千世界里。正是这种特别的机缘和特殊的氛围，才让沈从文从一个懵懂无知的少年成长为中国文学大师，也正是沈从文的这种人生经历，才能让他用手中的笔写出人世间的美妙和纯真。

崇尚自然，酷爱家乡的山水，这一直是沈从文人生中伴随左右的情愫。从沈从文的作品中都可以找到家乡凤凰古城山水的点点滴滴——

“小溪流下去，绕山岨流，约三里便汇入茶峒的大河。人若过溪越小山走去，则只一里路就到了茶峒城边。溪流如弓背，山路如弓弦，故远近有了小小差异。小溪宽约二十丈，河床为大片石头作成。静静的水即或深到一篙不能落底，却依然清澈透明，河中游鱼来去皆可以计数。小溪即为川湘来往孔道，水常有涨落，限于财力不能搭桥，就安排了一只方头渡船。这渡船一次连人带马，约可以载二十位搭客过河，人数多时则反复来去。渡船头竖了一枝小小竹竿，挂着一个可以活动的铁环，溪岸两端水槽牵了一段废缆，有人过渡时，把铁环挂在废缆上，船上人就引手攀缘那条缆索，慢慢的牵船过对岸去。船将拢岸了，管理这渡船的，一面口中嚷着“慢点慢点”，自己霍的跃上了岸，拉着铁环，于是人货牛马全上了岸，翻过小山不见了。渡头为公家所有，故过渡人不必出钱。有人心中不安，抓了一把钱掷到船板上时，管渡船的必会一一拾起，依然塞到那人手心里去，俨然吵嘴时的认真神气：“我有了口粮，三斗米，七百钱，够了。谁要这个！”

凤凰古城蕴含的中国人的善良淳朴，成为沈从文文学创作里取之不尽用之不竭的素材源泉。一部《边城》，不仅让无数的读者认识了湘西的山水之美丽，也让人们记住了如翠翠一般清纯婉约的湘西妹子，更让人们从中看到了中国传统文化习俗里金玉一般的人性美。

不过，细读沈从文的作品，你会发现在对于大自然的钟情和挚爱中，沈从文与历代文人墨客乐乎山水之间的情形是有所不同的。正如中国宋代大文豪苏东坡一样，沈从文在经历了人世间的假恶丑等各种龌龊景象之后，对人间的冷暖已经深有感悟；在游历过大自然和人世间之后，才能从中找到一丝真善美的人性。他也有点儿像苏联文学大师高尔基，少年时代品尝过人间的酸甜苦辣之后，继而对其中的文化意蕴念念不忘，回过头还要从中汲取创作的源泉。少年沈从文像一张洁白无瑕的纸张，还没有遭到人世间的熏染，他只是用自己好奇的目光透视着眼前的世界，感受着人间的风华雨露，审视着眼前美妙奇异的世界。

湘西纯美的山水孕育了一个特别的生命——在这片神奇的山水之间，走出了一位享誉世界的文学大师，一位文化巨人——沈从文。他用美丽的中国文字写下了传统中国金玉一般的人性美，将中国的美丽传到了世界各地，让世界人民认识到了中国的美丽。

沈从文，把家乡美丽的山水和淳朴的人情当作自己文学创作的源泉，他无愧于文学大师的称号。而大师也正是立足于中国民间，将中国传统的人性美细细雕琢之后，再用文字将中国美丽的山水画卷写成经典之后，将其展现给全世界的人。

关于沈从文传记，已经有很多版本，而本书侧重点是沈从文的出身以及其成长经历，记录了他从懵懂少年成长为文学大师的过程。

目　录

第一章　军人世家

第一节　凤凰城的军人家庭

湖南西部与重庆市、贵州省接壤处的山区有一座小城，小城有一个非常美丽的名字，叫凤凰城。凤凰城几十里之外就是苗乡，中华各民族的传统农耕文化、楚巫文化就是在这里相互渗透并融合在一起的。这里有着淳朴的民风民俗，也正是在这深厚的文化底蕴中，诞生了一代文学大师、中国乡土文学奠基人之一——沈从文。

凤凰城坐落在一个山坳里，古老而特别。它的城墙都是用精致的石头砌成的，让古城显得非常牢固稳妥。城内的石板街、奇梁洞、石桥，加上清澈潺潺的流水，构成了一幅绝妙的山水画卷。其四周被青山环绕，城北有沱河穿过，这样秀丽的山水给凤凰城增添了不少的灵气。难怪它会获得被称为“中国十大国际友人”之一的艾黎先生的赞扬：中国有两个最美的小城，而凤凰城就是其中之一。

因为凤凰城靠近苗乡，所以苗族人在这里会聚很多。从清朝以来，族群争斗就不断发生，以至于这里变成了兵家必争之地。城外山头那些林立的碉堡和营汛似乎在向过往的人们诉说着以往的战事，而当地居民中男人的彪悍似乎也在证实这里的居民富有血性。在自己的著作里，沈从文曾这样记述凤凰城四周的情景：

试将那个用粗糙而坚实巨大石头砌成的圆城作中心向四方展开，围绕了这边疆僻地的孤城，有七千多座的碉堡，200 左右的营汛。碉堡各用大石块堆成，位置在山顶头，随了山岭脉络蜿蜒各处走去；营汛各位置在驿路上，布置得极有秩序。这些东西在 180 年前，是按照一种精密的计划，各保持相当的距离，在周围数百里内，平均分配下来，解决了退守一隅常作“蠢动”的边苗“叛变”的。两世纪来满清的暴政，以及因这暴政而引起的反抗，血染红了每一条官路同每一座碉堡。其后的 50 余年间，这里爆发了历时 10 余年的著名乾嘉苗民大起义……

从这里可以看出，清朝以来的湘西一直是战火不断，兵戎相见是家常便饭。在这样的环境下，这一区域的男人无疑就会变成战争的一分子。而在一定程度上，因为有些事往往需要用刀枪说话，所以当兵也成为当时这一带的一种普遍现象。一代文学大师沈从文正是出生在这样的家庭里面。从客观上讲，这样的人文环境似乎同一代文学大师的成长没有瓜葛。然而，正是在这样的强悍尚武的环境里，沈从文才拥有了真实丰厚的生活文化底蕴。和很多文学名著的创作氛围一样，湘西错综复杂的局势和人们追求美好生活的愿望给了沈从文走向文学创作的动力，让他最终将湘西人民纯美的生活展现在世人面前。

沈从文的曾祖父叫沈岐山，本是贵州人，因生计问题携家眷从贵州铜仁迁到凤凰黄罗寨（今林峰乡中寨村）安家落户。沈岐山生有宏富、宏芳两个儿子。沈从文祖父沈宏富小时候的外号叫“沈毛狗”（原因不详），沈宏富长大后无以为生，只得依靠卖马草（官府在凤凰城设有绿营驻军，战马需要马草）维持生计，生活很不尽如人意。

沈宏富正在专心卖马草的时期，时运忽然出现了转机：广西的落第秀才洪秀全率领老百姓走上了反抗清朝统治的大道，太平天国起义爆发了。清政府在和洪秀全作战中历经了一段失败后，眼光就盯住了距离广西不远的湖南。大清皇室无奈之下就指派在京城为官的湖南人曾国藩回到湖南开始筹集人马，帮助清政府镇压太平天国起义军。于是，不容忽视的一支政治军事力量——湘军，便登上了历史的舞台。这样一来，正在山上割马草的沈宏富动了心，没有出路的他在家人的鼓励下毫不犹豫地就加入了曾国藩统帅的湘军。

曾国藩创立的湘军最终打败了洪秀全的太平军，为此湘军也培养出了很多的优秀将领，沈宏富就是其中之一。当初，沈宏富参加湘军后，很快因骁勇善战而被提升为青年将校，后来做到督军衔，被任命为云南昭通镇守使，最后升任贵州提督（清朝时对统辖一省或数省行政、经济及军事的长官称为“总督”，“提督”负责统辖一省陆路或水路官兵，通常为清朝各省绿营最高主管官，称得上封疆大吏。沈从文曾经说自己的祖父是总督，后来有人翻阅晚清史料，找到沈宏富的名字，身份是贵州提督）。

当时，湘西凤凰城中依靠跟随湘军和太平军作战得以发家的有三家：田家、沈家、熊家。其中熊家后来曾经出了一位名人熊希龄，他

24岁就在北京考取翰林学士，最后发展成为民国第一任民选总理，凤凰人称之为“熊凤凰”，在北京有相当的实力。1915年，熊希龄担任湘西镇守使，但当年他并没有参加湘西护国军讨伐袁世凯的运动。不过，熊希龄后来提拔沅州人张学济投入革命军里，并在1916年带领凤凰城城防军参加了讨伐袁世凯的军事作战。传说，当时熊希龄的门生张学济曾在大路上截断一棵大树，做成了弓箭，利用这样的武器在作战中杀死了很多敌军，后来他又担任凤凰城道尹，开始扩充军事实力，还自封湖南省省长，但其本人并没有进驻省城长沙。

田家的田兴恕曾经是沈宏富的下属（难以确定，有资料称田是沈的上级）。在一次远征太平军石达开军队的军事行动中，田兴恕和法国传教士文乃尔发生了冲突，据记载“田兴恕恶其倔强，杀之”。田兴恕因此招来国际舆论的抨击，清政府为了平息事端只得将田兴恕革职。后来，田兴恕三儿子田应诏去日本士官学校留学，在1911年参加了辛亥革命，后来参加了护法作战。共和失败后他担任镇守使，但是掌权时间并不长。田应诏是传统式学者军人，发迹之后娶了很多的姨太太，还喜欢作诗，没事就经常和凤凰城里的幕僚写写画画。他在凤凰城外修建了一处公园，目的是纪念他的生母。

沈家的沈宏富，就是沈从文的爷爷，参加湘军后从贫民子弟一路擢升提督，给家族带来了些许荣耀，但其英年早逝后，沈家就有些没落了。

在湘西，除了这三家之外，后来又兴起了三家。其中之一就是熊希龄的门生张学济。沈从文在沅陵当兵时就是张学济的下属。后来，陈渠珍拉拢人马推翻了张学济，成为名副其实的湘西王。令陈渠珍想不到的是，后来和他对抗的竟然就是大名鼎鼎的中华人民共和国开国元勋贺龙元帅。

湘西最开始发迹的老三家依靠相互联姻扩充实力，而后来兴起的三家先后有两家是依靠老三家成就事业的。

当初，田兴恕感觉自己在湘军的成就得力于沈宏富的提拔，于是他就想找机会回报自己的老上司。当田兴恕的独生女儿田应弼长大后，碰巧沈宏富的过继儿子沈宗嗣也长大了。田兴恕就想让田、沈两家联姻，但遭到沈家拒绝，原因是担心田家闺女“洋气”，不会过日子。但是，田、沈两家的婚姻还是在下一代人身上促成了：沈从文弟弟和田应诏的一个侄女结成了伉俪。

田应弼最终嫁给了熊希龄的四弟熊希静。这位曾经和自己哥哥一起在日本留学的姑娘要求熊希静穿上拿破仑的服装来画像，原因是田应弼非常喜欢拿破仑时代的绝代佳人约瑟芬。如此，便也难怪传统思想浓厚的沈家不敢娶这样的媳妇过门了。

沈从文有一位姨妈，后来和熊希龄的七弟结成了夫妻，而沈从文的舅舅黄镜铭在北京曾经负责照看熊希龄的房产。另外，熊希龄的同年进士、革新派好友聂仁德也是沈家的女婿，而聂仁德是陈渠珍的师傅，也是沈从文的老师，是他曾经举荐沈从文做陈渠珍的秘书。

对于凤凰城“老三家”之间的这些事，听起来的确让人感到有些乱，但沈从文后来用了这样一句简洁的话来概括：

也不算太复杂，因为归根到底，只不过几个人。

第二节 军人世家

出身寒微的沈宏富凭借自己的战功能做到提督的位置确实不容易，此举提高了沈家在凤凰城的政治地位，让沈氏家族在凤凰城得以中兴。发迹之后的沈宏富将家眷从凤凰城东北几十里以外的黄罗寨迁到凤凰城中，居住在距离芷江北街的老人巷不远处的古城小巷子里。其院落小巧别致、古色古香，是一处具有典型南方特点的砖木结构四合院。庭院中间有方块红石铺成的天井，有正房三间，厢房四间。这样的宅院即便在当时也价格不菲。而能够得到这样的住宅，是沈宏富参加湘军之前卖马草时想都不敢想的事情。

沈从文谈及这些往事常常引以为豪，因为沈宏富做贵州提督时年纪才 25 岁，而且他在任时还带领一旅官兵打了一年的仗。一个男人在 25 岁就有如此的成就，古往今来的确不多。如果没有战乱，在太平时期依靠卖马草为生的沈宏富想得到这样的身份，绝对是天方夜谭。

但好景不长，沈宏富升任贵州提督没多久，便在一次作战中负伤，回家后不久就去世了，年仅 30 岁。沈宏富的原配夫人周氏因沈宏富过早去世而没有生育子女，而居住在乡下的沈宏富二弟沈宏芳此时也没有生育下一代。有长者之风的周氏，便为沈宏富的弟弟沈宏芳娶了一苗族女子张氏做二房妻子，待其生下两个男孩子之后，周氏便把其中的老二过继了过来，作为自己的儿子，是为沈从文的父亲沈宗嗣。从这里我们便可以知道，沈从文的确有苗族血统。按照当时的习惯，和苗族人结婚生育的儿女没有社会地位，不可以参加科举考试，也不可以做官。为此，沈宏芳所娶的苗族姑娘在生下两个孩子后就被迫远嫁了，而沈家还想办法在乡下为张氏埋了一个假坟头，以此做出“此人已经过世”的假象。据沈从文回忆，他在四五岁时，还去乡下黄罗寨的那个假坟头前磕过头，而到了 1922 年沈从文离开湘西时，沈宗嗣才告诉他事情的原委。

从这些事实可以看出，政府对于少数民族是有歧视的，少数民族家的孩子从出生开始就低人一等。不仅如此，汉人和少数民族的孩子成婚，生下的孩子也要受到影响，他们一样也无法在人生征途中展开理想的翅膀。从中我们便可以看出，沈从文想要寻找到真正的祖母，是何等的困难。

当时，沈宏富“虎死不倒威”，他被儿子沈宗嗣从小就树立成学习的榜样。据说，沈宗嗣在两三岁时，还有一次险些被老虎吃掉的经历。当时，沈宗嗣跟随一位姨妈在乡下黄罗寨居住，当地树林茂密，野兽时常在此出没。一天，正在庭院里玩耍的沈宗嗣忽然听见有人叫喊说：“老虎来了，快跑!”等他刚刚反应过来，听到喊话的姨妈便从屋里跑了出来，上前一把抓起沈宗嗣后就匆匆上了木楼。而此刻，老虎已经来到了庭院里，最终吃下了两只鸡才回山。

虎口脱险的沈宗嗣自幼的远大理想就是长大后做一名将军，这个理想迎合了当时沈家一家人的愿望。于是，在沈宗嗣十来岁时，家里便专为他请了一位武术老师教他习武。沈宗嗣不怕吃苦，一心苦练武功。据说在出师的那天，沈宗嗣专心坐在门口吃饭，那武师冷不防举起一条扁担从背后袭击沈宗嗣，而沈宗嗣马上飞快地反手接住将要砸到头顶的扁担。这就是最后的考验，过了这一关，沈宗嗣就算出师了。从这一情节能看出，沈宗嗣武功了得，眼力、听力、臂力都非常快速敏捷。

当时，由于太平天国的战火余威不断，因此湘西一带尤其在凤凰城非常盛行习武。在这块地面上，自清朝以来，文科人才只有熊希龄，两个进士，四个拔贡；武人相对来说有建树和提拔擢升的就多了，单说其中随同曾国荃进攻南京城的，就出了四名提督。后来，从日本士官学校出来的朱湘溪做过蔡锷的参谋长，出身保定军官团的也有不少人。人们从这些人身上看出了贫民子弟光耀门庭的门道：男人读书科考难望有出头之日，而习武从军说不定能谋到前程——只要不死，肯定能有提拔的那一天。

沈宗嗣生来身材高大健壮，多年习武练就其一副威严的神情，他似乎天生就有父亲沈宏富留给他的那种军人气质。到了成家的年龄，沈宗嗣因为父亲曾经是贵州提督而社会地位优越，所以有不少姑娘愿意嫁到沈家，其中就有田应诏的妹妹田应弼。但沈宗嗣母亲一口回绝了田家的亲事，她放出话来说："沈家要能治家的，不要好看的。"在这样的结亲宗旨下，一位身穿旧蓝布衣裤，朴素而又稳重的姑娘进入了沈家人的视线，她就是沈从文的母亲黄素英。

黄素英出身于书香门第，其父黄河清是凤凰城最早的一名贡生，后来他做了本地守文庙的书院山长，当时他是当地有名的读书人。黄素英本人长得端庄大方，天资秀丽，清秀的脸庞、细长的眉毛，大而有神的眼睛很有魅力。她在家排行老六，人称"六姑"。更鲜为人知的是，黄素英从小读书识字，还懂医方，为人开明，思想进步，是凤凰城第一个剪去辫子的姑娘。在这样一个有着较为丰富思想文化底蕴的母亲的教导下，沈从文成为文学大师的第一步便扎实地迈出去了。为此，沈从文曾经说过一句话：“我的气度得自于父亲影响的较少，得自于妈妈的较多。”

黄素英早年和自己的哥哥黄境铭在军营待过。她的这位哥哥是当地的思想进步人士，曾经在当地开了第一家邮政局和第一家照相馆。黄素英从这位哥哥身上学了不少东西，而她这位哥哥也就是后来中国的当代著名画家黄永玉的祖父。

满心将军梦的沈宗嗣成家之后，在 1900 年终于参军，因为会武功，因此他很快被提升为天津大沽提督罗荣光的裨将，驻守大沽口炮台。当时他已经 30 岁，而黄素英也已经是三个孩子的母亲。熟悉历史的人都知道，这一年大沽口炮台正是和八国联军交战的前沿阵地。六月，八国联军炮舰在天津海域开始进攻大沽口炮台，提督罗荣光率先带领军队奋勇抵抗，但最终失败，大沽口落入敌手。罗荣光败走天津后无奈自杀殉国，沈宗嗣因为武艺高强得以从乱军中成功逃出，后来他历经坎坷才终于返回湘西家中。对于这次事件，沈从文在自传中这样描述：没有庚子的义和团反帝战争，我爸爸不会回来，我也不会存在。

沈宗嗣逃回家中之后有了第四个孩子。1902 年的农历 11 月 29 日凌晨，沈从文出生在了这座古城的一个军人世家，名岳焕，字崇文，乳名叫茂林。

“从文”这个名字则是沈从文自己后来改的，从字面上分析，有弃武从文的意思。沈从文在四岁之前一直长得非常健壮，也是从四岁开始，母亲就开始教沈从文学习识字，沈从文外祖母则在旁边用糖块奖励聪慧的沈从文。就是这样的教育方式，沈从文四岁的时候便认识了600多个汉字，这对一个刚满四周岁的孩子来说是相当不容易的，且不说当时，即便是现在四周岁的孩子能做到这样的也不多。从这里能够看出，母亲培养了沈从文坚实的传统文化底蕴，也能够看出沈从文非常聪慧，对于文学非常有天赋。

沈从文六岁时和两岁的弟弟一起出疹子，他浑身疼痛无法躺下睡觉，因为一躺下就会咳嗽发喘，别人无法靠近，有人抱就会全身难受。当时正好在伏天，在高温的天气下两个孩子都像春卷一样被安放在屋里阴凉的地方。按照沈从文自己的回忆，当时家里人已经放弃了兄弟俩，他这样说过："两具小棺木已经准备好了，家人随时做好了两个孩子死亡的准备。"从这些记录可以看出当时的医疗卫生条件非常差。从一个孩子成长为一个成人，有一段很长的非常艰难的道路要走，稍有不慎，孩子就要面临夭折的危险，而做父母的只能无可奈何。

然而，死神并没有夺走这位文学大师和他兄弟的性命，随着时间的推移，两个孩子后来居然奇迹般地恢复了健康，对此，有人在书中曾如此说过："此前胖壮得像一头小猪一样的沈从文从此变成了一副精瘦样子，而他的弟弟在经过一位苗族妇女照看后变得高大结实。"

我想，或许就是因为如此，沈从文的家人才感觉沈从文更应该学文，而其弟应该走从军之路。

第三节　父亲曾经的将军梦

从小就怀有将军梦的沈宗嗣回家后，从军思想丝毫不减，对家事和儿女都很少过问。但是尽管他长得一表人才，不缺少做将军的气质，但年近30的他只做到提督罗荣光身边一员裨将的事实，便和其父25岁就做到贵州提督的历史无法相比。而此时，提督罗荣光的自杀殉国，也让沈宗嗣的将军梦变成了泡影。

不过，值得庆幸的是，有沈宏富将军的基业以及留下的田产，沈家的家境依旧比较殷实。尽管沈宗嗣在家里闲坐，但家人的吃穿用度还是不用操心的，并且此刻孩子们还能享受到沈宗嗣带来的父爱。此时的沈宗嗣才刚刚30岁，正值壮年时期，而当时国内战争不断，战火还在四处燃烧。秉着战火是军人的舞台，只要有战争就有军人施展才华的机会的信念，加上父亲沈宏富的将军的光辉形象还在他脑海里激荡，军人的热血依旧在他体内沸腾，将军的梦想也每时每刻萦绕在他的每个细胞内，沈宗嗣便觉得，自己当将军是家族的使命，也是人生的宿愿，如果自己在有生之年没有完成这个任务，那将有愧于列祖列宗。这样的思想在时间的推移下，终于变成了他一个巨大的思想包袱，它像一块巨大的石头一样沉重地压在沈宗嗣的心头，让他为此辗转难安。此时此刻，包括沈宗嗣在内的沈家人，依然没有将做将军的重任寄托在下一代人身上的想法，而沈宗嗣自己依然心怀将军之梦。

天津大沽口失利之后，逃回凤凰城家中的沈宗嗣除了丢了军籍，另外还损失了一些“家产”。原来，沈宗嗣之前有个习惯，就是不管走到哪里总要将家中父亲留下的“宝物”带在身边，而这次大沽口作战他只身逃出，“宝物”便也因此遗留在战场上了。

沈宗嗣时下只能闷在家里无事可做，不过，他时常与自己的一些军队故交和父亲在军旅时的老人来往，以此了解当时的国家时局，时刻准备着东山再起。沈宗嗣的心总是不自觉地为那些远近的国家战事和动乱所牵动。战火燃烧着他的将军梦想，让他无时无刻不为此辗转难安。

妻子黄素英是一位非常贤惠而大度的女子，除了相夫教子她还要操持家务。此时他们已经有了四个孩子：长子沈岳霖，字云麓；大女儿沈岳鑫；另外还有比老四沈从文只大两岁的二女儿。黄素英早就对丈夫的梦想了如指掌，细心而有文化的她不时地与丈夫在时局方面沟通探讨。

当时国家在历经八国联军事件之后，已经是处于战乱不断的时期。此时孙中山、黄兴、陈天华、宋教仁等人在长沙组织的华兴会已经命名为“中华革命军”，了解时事的人似乎都感觉到了大清基业摇摇欲坠的事实。这些时局信息都让沈宗嗣和妻子黄素英惴惴不安。湘西地处偏僻，革命的烽火尚未到达这里，而他们也还没有自己的政治观点，便只能静观其变。但是，随着时间的推移，沈宗嗣感觉自己的将军梦变为现实的可能性越来越小了。

据说，沈宗嗣为此还曾经做过一个噩梦，梦中，他真的做了一名将军，正在和敌军交战。沈宗嗣心想只有像父亲那样冲锋陷阵才能立功受奖，于是梦中他身披盔甲就冲向阵地，结果和敌军元帅开始了正面交锋。在交战中沈宗嗣被砍头，他清楚地看到一把雪亮的钢刀在砍向自己的脖颈。在一声惊叫之后，沈宗嗣猛然惊醒，那一刻，他似乎还感到自己的脖颈上依然还有鲜血喷洒。黄素英知道丈夫做了噩梦后，赶忙点亮了灯盏，并端上茶水替丈夫压惊。

“又是在做噩梦。”黄素英宽慰丈夫。

醒来的沈宗嗣神情紧张，而了解情况后的黄素英只得奉劝丈夫不要胡思乱想，放弃做将军的梦想，从今往后一心一意在家里过安稳日子，然后将希望寄托在下一代人身上。沈宗嗣自此无可奈何，只好听劝，安分守己地在家里过日子。不过，就算如此，此刻的沈宗嗣光宗耀祖的心思却依然存在。当时的沈家属于小康家庭，家里在沈宏富时期创下的基业及留下的很大的田产，凤凰城外方圆十多里的田地，让沈宗嗣完全有条件将孩子送到私塾去接受教育。

到了民国时期，民众思想相对开放，竞选之风开始在中华大地盛行。沈宗嗣做将军的梦想再次开始萌发，于是他参与了竞选湖南省议员，但最终失败了。赌气的他和一位本地的同伴阚祝明来到北京，参加了一个铁血团，准备参与刺杀袁世凯的行动。令他想不到的是，袁世凯的密探提前得到了情报，阚祝明被捕后遇难。而阚祝明被抓的时候，沈宗嗣正在剧院里看著名京剧演员谭鑫培的演出，得到朋友报告后他迅速出逃，从此过上了四处漂泊的戎马生涯。沈宗嗣开始在内蒙古、西藏一带各地军队中辗转躲藏，一直到袁世凯去世，家人才得到沈宗嗣的音讯。但此时的沈宗嗣已经负债累累，他写信请求家人抵押田地给他提供钱财抵债。

此刻，沈从文的大哥在东北奉系军队做文职工作，得到消息后，他便想方设法地将父亲接回了凤凰老家。至此，沈宗嗣做将军的梦想总算开始寄托在下一代人身上了。因为沈从文本身瘦小，而他的弟弟长得却十分强壮，其22岁就当上了步兵上校，因此，沈家都将做将军的希望寄托在沈从文弟弟身上。至于沈宗嗣是不是在自家孩子耳边说过愧对祖先的话，沈从文向来避而不谈。

不过，综观沈从文父亲的一生，相对沈宏富来说，用“壮志未酬”来形容他似乎是恰如其分的。因为沈宏富本身以卖马草为生，并没有拜武师习武，而最终还在24岁凭战功做到了提督的位置，这相对于从小习武、从小立志做将军的沈宗嗣来说，好像也只能说是“壮志未酬”了。

第四节　沈从文眼中的辛亥革命一角

在清末时期，凤凰城附近的苗民曾经在同盟会的分支哥老会的倡导下组织了一次规模不小的起义，当时年方10岁的沈从文见证了整个起义的发展过程，由此给他幼小的心灵造成很大的触动。根据沈从文的叙述，当时，将军梦依然在心头萦绕的其父沈宗嗣也参加了哥老会，而参加这次苗民暴动的还包括沈从文的几个叔叔。可以说，沈从文家族在这次起义事件里扮演了重要的角色。沈从文在自传中这样描述当时的情景：

第二天晚上，叔父红着脸在灯光下磨刀的情形，真十分有趣。我一时走过仓库边看叔父磨刀，一时又走到书房去看我爸爸擦枪。家中人既走了不少，忽然显得空阔许多，我平时似乎胆量很小，天黑以后不大出房门，到这天也不知道害怕了。我不明白行将发生什么事情，但却知道有一件很重要的新事快要发生。我满屋各处走去，又傍近爸爸听他们说话，他们每个人脸色都不同往常安详，每人说话都结结巴巴。我家中有两支广式猎枪，几个人一面检查枪支，一面又常常互相来一个莫名其妙的微笑，我也就跟着他们微笑……

当时，起义军领导者是哥老会的革命党人田应全，他秘密联系了湘西的一些地方组织，包括凤凰城哥老会领导者唐力臣以及苗族的一些进步革命人士，准备发动起义。起义军在兵力上已经占据了优势，但是他们的武器无外乎大刀、长矛等冷兵器和一些自造枪炮。起义军计划在夜里从三个方向攻击县城，但是，令起义军没有料到的是，枪声响起后，县城中部分原定准备做内应的守军因为没有和起义军达成某些协议而最终倒向了官府一方。就这样，起义军面对全副武装、顽强作战的官军明显处于了劣势，他们经过一夜的艰苦作战，最终失败了。沈从文在自传里这样写自己看到的情况：

等到我照常醒来时，只见全家人都早已起身，各个人皆脸儿白白的，在那里悄悄地说些什么。大家问我昨夜听到什么没有，我只是摇头。我家中似乎少了几个人，数了一下，几个叔叔全不见了，男的只我爸爸一个人，坐在正屋他那唯一专用的太师椅上，低下头来一句话不说……

从中可以看出，沈从文家族参加起义的人的确不少。因为作战失败担心受到牵连，沈宗嗣的几个兄弟姐妹都躲到了苗乡的岩洞里，以此躲避清朝官兵的追杀。起义失败后，接下来的就是疯狂的杀戮。“衙门的人从城边已经抬回了410个人头，一大串耳朵……”不过，真正的屠杀还在后边，官军布置好城防之后开始反攻，不断派兵到苗乡去抓人，抓回来随便审问一下就砍头。有的苗民还没弄清是怎么回事就被杀了；有的人被抓到了河滩跪下之后，看见血淋淋的大刀才知道是怎么回事，这才吓得哭喊奔逃，但刽子手随后就会赶上前去用乱刀将其杀死。

此间，孩童时期的沈从文就到刑场去看热闹。因为当时天气比较寒冷，所以尸首来不及掩埋就堆放在河滩上示众。沈从文就和儿时的小朋友在旁边数尸体，以此比赛谁的眼力和算术好。

根据沈从文描述，屠杀进行了一段时间后，苗人的头领担心这样杀下去会危及当地苗人种族的繁衍，就组织苗人跟官府谈判，提出采用一种保守的处置办法：让所有要被杀的苗人都手持两个竹签，然后向苍天祈祷，随后向天空抛撒竹签。等两个竹签掉到地上时，如果是两个正面，那就是表明是阳签，免死；如果是一正一反，说明是顺，也免死；如果都是阴面，说明是阴签，非死不可了。这样的办法不仅能让人死得心服口服，还可以救活一部分苗人男子。的确，这个办法在一定程度上保存了当地苗人的种族延续。根据沈从文的回忆，当时被羁押到河边的苗人男子手持竹签都会非常虔诚地面对苍天跪下，然后祈求上苍的保佑。等将手中的竹签抛向空中后，那些苗人就开始惶恐不安，能够免死的都欢天喜地，而拿到阴签的人就呼天抢地……

沈从文在自传里这样描述：

……革命印象在我记忆中不能忘记的，却只是关于杀戮那几千无辜农民的几幅颜色鲜明的图画。

沈从文非常喜欢的一个当兵的表哥，就居住在凤凰城北十多里地的乡下，那里紧挨着苗族生活区。在沈从文的记忆中，他的这位表哥也参加了这次起义。

沈从文的这位表哥有个紫色脸膛，他的任务主要是坚守碉堡。沈从文在四岁时曾经跟着这位表哥到乡下居住了几天。当时，士兵在苗民中有势力，沈从文的这位表哥在每次进城之后都会给沈从文带来小斗鸡之类的礼物，所以，幼小的沈从文对这位表哥充满了依恋。

在第一次苗民起义时，沈从文的这位表哥再次进城了，沈从文见到表哥非常高兴。

“哥哥，那架水车还转吗?”

“哥哥，碾坊的马还在拉磨吗?”

令沈从文感到惊讶的是，这次表哥对自己的问题非常的不感兴趣，他只是不停地出去买白布，然后还和沈从文父亲商量了不少事。后来沈从文父亲同意了这位表哥的意见，让他从沈家带走了很多人到乡下去。沈从文后来才明白，这是为当晚的起义做准备。

当时沈从文还很小，心里依然挂念着表哥答应自己的事：“别忘了给我带东西。”

到第二天沈从文醒来时，起义已经失败了。沈从文从父亲的话语中知道这位紫脸膛的表哥也参战了：“快去看看，韩（沈从文表哥）是不是在里面。”

这是沈从文第一次了解到表哥叫䣛韩。沈从文知道这位表哥昨晚参加了起义，并且因起义而死的人又非常多之后，就特地跑过去看那堆积的人头。沈从文的四叔经过多方查看，知道了人头里边没有表哥䣛韩的脑袋，沈从文这才放心了。

沈从文在自传里这样描述当时的情景：

在一群陌生人中，我发现了那个紫黑脸膛的表哥。他没有死去，背了一把单刀，朱红牛皮的刀鞘上描着黄金色双龙抢宝的花纹。他正在同别人说那一夜扑进城边爬城的情景。我悄悄地告诉他：“我过天王庙看犯人打筊，想知道犯人中有不有你，可看不着。”那表哥说：“他们手短了些，捉不着我。现在应当我来打他们了。”当天全城人过天王庙开会时，我爸爸正在台上演说，那表哥当真就爬上台去重重地打了县知事一个嘴巴……

从沈从文的这些描述中能够发现，他的这位䣛韩表哥是一位革命者。

儿时的沈从文就这样目睹了晚清政府镇压苗民起义的经过。对于他的家人如何逃过此劫，沈从文在后来的作品里没有做详细描述。值得一提的是，晚清的内乱的确给沈从文的家庭造成了很大的冲击：让他的爷爷在青年时代就当上了提督，同时也粉碎了他父亲的将军梦。

当地的革命在第二年获得了成功，村镇上到处都飘扬着写着“汉”字的旗子，清政府当地驻军投降了革命，地方官僚也纷纷逃亡。革命军的队伍开始在大街小巷巡视，地方上一切事务都由本地的绅士出面处理，随后便开始了民主选举。这么一来，沈从文的父亲沈宗嗣就顺理成章地成为当地的重要人物。

当时，被原先清军追剿的，曾经参加苗民起义的沈从文部分家人也都纷纷回到了家里。

这次的革命给沈从文的家族带来了很大的变化，最终导致他的父亲沈宗嗣离开了家乡。不过，革命给当地并没有带来多大变化，绿营制度基本上和清朝的差不多，地方上军人的家属都可以到营中领粮食和银钱。

第二章　少年学业

第一节　初试逃学

沈从文尽管后来成了中国的文学大师，可他在小时候上学期间却并非踏踏实实，而是经常逃学。在他的自传里，沈从文用“我读一本小书同时又读了一本大书”的标题来叙述当时的情景。这“小书”指的是文化课的学习，这“大书”就是指广阔天地间社会上的知识。沈从文正是从这“两本书”中汲取了宝贵的文化和社会知识，最终成了文学大师。

沈从文在身体痊愈之后就上了私塾。此前，具备一定文化功底的沈从文对私塾的印象并不好，他在自传里用这样一句话描述当时的情景：“如一般风气，凡是私塾中给予小孩子的虐待，我照样也得到了一份。”可见，沈从文认为私塾中的先生经常对小孩子实施虐待行为，所以他是讨厌上私塾的。

私塾就在离沈家不远的地方，这里原先是绿营兵屯粮的衙门。私塾先生姓杨，和沈家是远房亲戚，家人告知沈从文应该称呼其为“姨爹”（在私塾必须称“先生”）。沈从文入学的情景和鲁迅在《从百草园到三味书屋》里边的描述很是相似，都是传统私塾里的老俗套：首先要拜孔子，接下来是拜先生，下学后还要重复拜一遍，方可回家。

沈从文在四岁开始就学习了不少汉字，因此他的成绩在私塾里相对于其他孩子的成绩就显得突出了。不过，沈从文在第一家私塾学习了一年后就换了另一家，他没有透露其中的原因。但是，从沈从文后来在私塾的表现可以看出，这原因不外乎两条：私塾的各种规章制度引起了沈从文的厌烦；打心眼儿里厌烦私塾学习的沈从文的某些行为可能也引起了私塾老师的反感。依这种事态发展下去，沈从文家人便只能换私塾来调教自家孩子了。

到了第二年，沈从文换到另一家私塾之后，对私塾学习不感兴趣的他就很快发现了同学间的“机密”：有的同学逃学，居然能够蒙骗先生，还有的同学在沈从文面前滔滔不绝地描述其在外面玩耍的情景，这一切勾起了沈从文逃学的念头。在这样的心理作用和当时私塾的客观条件下，沈从文就开始跟几个年岁稍大的孩子学习对抗私塾老师的本领，以此逃避枯燥无味的书本知识，从此拉开了沈从文逃学经历的大幕，揭开了沈从文逃学历史的篇章，也翻开了沈从文学习自然生活知识的一页。按照沈从文自己所说，是“这一年的生活形成了我一生性格与感情的基础”。

沈从文记得非常清楚，他第一次逃学到外面看的是木偶戏。生动活泼的场景让天生有文艺天分的沈从文非常痴迷，但是到了下学时间还是必须要回家的。尽管按时背着书包回了家，可沈从文毕竟是第一次逃学，所以在家人面前还曾经脸红心跳。到第二天上学面对先生时，沈从文依然担心老师会看出其中的破绽。

“昨天为何不来上学?”先生一双眼睛紧紧地盯着年少的沈从文。

其实，沈从文在昨天就想好了对于这个问题的最佳答案。此前有同学逃学后曾经用“家里请客”为理由蒙骗老师过关，因此，此刻沈从文早有准备。

“我家里昨天请客了。”沈从文用力按捺住“怦怦”的心跳回答。

先生没有怀疑，沈从文从初次试水的成功中尝到了逃学的甜头。于是，接下来，沈从文开始逐渐将逃学变成了“营生”，开始了频繁地逃学，他感觉逃学在外面玩耍的滋味很好。随着对那本“大书”的不断翻阅，里边的内容似乎越来越吸引沈从文读下去。

改换私塾并没有让顽劣的沈从文在行为上有所收敛，以至于后来他因逃学而不断撒谎欺骗私塾老师和家人，曾经一度激怒他的父亲沈宗嗣。沈宗嗣是练武出身，情绪上来说话语气很重，他威胁自己孩子说，如果逃学就要断其手指。但这样的恐吓依然没有让沈从文的逃学行为有所收敛。按照沈从文的话说，当时自己“学会了用自己的眼睛看世界的一切，到不同社会中去生活时，学校对我已毫无兴味可言了”。

沈宗嗣在沈从文身上寄予了很大的希望，他似乎早就确定沈从文不是当军人的料子。自己喜欢京戏，就想让沈从文学习谭鑫培，学唱戏。可是，当沈宗嗣看到沈从文每天上学期间和大街上的小混混在太阳底下东游西逛，小小年纪心思却变得难以收服时，这位老军人对沈从文的失望开始与日俱增了。而此时，沈从文的弟弟在那位高大的苗族妇女照料下其身体不仅长得非常高大强壮，而且在其他方面也现出了优势：小小年纪非常懂事，为人做事似乎也透露出军人的干练。这样一来，沈家的下一代希望寄托中心就开始向沈从文弟弟身上转移了。而沈从文弟弟也果然不负众望，长大成人之后到22岁就当上了步兵的上校，在成就上超越了父亲。

这段时间，沈从文的思绪已经飘到了广阔的天地之间，他的思想像一匹野马奔驰到辽阔的草原上一样难以束缚。家里人的关心对沈从文反而成了一种束缚，而当家人开始疏于关心沈从文时，沈从文反而感觉放开了手脚，因此他就在逃学的路上越走越远，那本所谓的“大书”也逐渐吸引着沈从文的幼小心灵，让他继续“阅读”下去。

沈从文每次上学都要提一个书篮（当时没有书包，学生上学都用这个），出了家门他就脱掉鞋拿在手上向着长街走过去：鞋店、针铺、肉铺、首饰作坊、剃头铺……沈从文记忆中，有在针铺里专心磨针的鼻梁上放一副眼镜的老头，还有大热天在鞋店里纳鞋的腆着又黑又大肚皮的胖子，以及似乎还在微微颤抖的刚宰杀放在肉案子上的牛羊肉……而除此之外，更加吸引沈从文的是染坊里边的苗人汉子，苗人汉子将一匹布卷在大圆木滚子上，然后放在弧形的青石板上。苗人汉子跨在巨大碾石板上，下面压着圆木滚子左右碾压。而等到后来将碾压的布匹展开后，布居然平得像水面一样……

沈从文还时常被一家冥器店吸引，那些花花绿绿的阎罗王和黑白无常、金童玉女，这些都是书本里看不到的，而且它们背后似乎都有一段阴森森的故事。沈从文经过冥器店时，往往要站立很久。

还有衙门前边的那家面馆，那个用一块青布包住头的师傅每每都要骑在一条木杠上碾压面皮，然后再用宽大的刀子切割，等这些面皮扔到滚开的锅里后很快就会变成熟悉的面片和面条，有点儿像变戏法……

所有这一切太吸引沈从文了，他像一个饥饿的人看到食物一样翻阅那本蕴含无限社会知识的“大书”，迫不及待地要了解里面的知识。

沈从文有时候经过监狱会看到带着镣铐的犯人被押着去做活，有时候还能看到被杀之后无人收的尸体。每每于此时，沈从文都会拿一块石头砸一下，或者用棍子捅一下，他很好奇，而那样的尸体往往会被野狗撕烂……

沈从文经过一条小溪时都要蹚水过去，他感觉脚丫子放在水里非常舒服。他幸运的时候能够看到杀牛的过程，人们齐心协力用绳子和木杠将牛放倒，然后看到屠夫如何拿着宰牛刀捅进牛的脖子里。而每到这时，沈从文都会看到牛的眼睛里流出的大颗泪珠……

沈从文的逃学经历和他的表哥有着千丝万缕的联系。他的那位表哥姓张，曾经带领沈从文去“家中橘柚园去玩，到各处山上去玩，到各种野孩子堆里去玩，到水边去玩”。这位张姓表哥还教会沈从文许多说谎的本领，以此来对付家人，对付私塾老师。

当时，私塾老师担心学生的安全，禁止学生下河洗澡。为此私塾老师就想了个办法，在中午下学时就在每个学生的手心写上朱红的“大”字。如果下午发现字迹被水清洗掉，那就说明这名学生下水游泳了，这个学生就要受到责罚。现代人看起来这种做法有点儿极端：难道学生饭前便后都不能洗手吗？但是，私塾老师的这一防范举措很快被张姓表哥的妙计打破。

“先生的手段可以应付的。”张姓表哥满不在乎地说，“我们不让水沾到先生的字不就行了吗?”

于是，在表哥的带领下，每到中午，沈从文和同学们都将写红字的手举出水面，然后照样在水中游泳嬉戏，而先生写在孩子们手心的红字便丝毫不会受到浸染。

按照沈从文的话说，他在孩童时期是“不知自重的小孩子”。而造成这一切的原因，似乎都与那位表哥有关。沈从文的表兄弟很多，但沈从文自我感觉只有那个张姓表哥最聪明。沈从文由于跟随张姓表哥在外面混迹，逃学、说谎话方面的技术大有长进，逃学之后还要想尽办法逃避家人的责罚。在从旧式传统私塾刚刚转入新式教育小学时，沈从文逃学次数在私塾的逃学记录上名列前茅。一个孩子的心思最终是逃不出大人的眼睛的，沈从文因此辜负了家人对自己寄托的希望。

沈从文在自传中曾这样描述这段经历对后来生活的影响：20 年后我“不安于当前事务，却倾心于现世光色，对于一切成例与观念皆十分怀疑，却常常为人生远景而凝眸”，这种性格的形成，便应当追溯于其小时在私塾中的逃学经历。

当时的沈从文满脑子都是各种逃学计划，其他的事根本不放在心上。本地的大型建筑除了庙宇就是会馆和祠堂，而这些建筑周围几乎都是小手工业者的聚集之地。沈从文逃学之后遇到天气不好就到那里边去玩，这个时候，他便时常看到有人在那里做工、下棋、打拳，有时候还有因为各种琐事吵架对骂的。沈从文悉心地观察眼前的市井生活，耳朵专心听着这些市井人们的各种各样的语言。而此刻身边又没有脸熟的人，因此沈从文大可不必为“事情败露”而操心，每次他都是到“曲终人散”时才回家。

当时，沈从文上学的书篮里面放着《包句杂志》《论语》等十多本书，足有几斤重。沈从文逃学时书包放在学校容易让老师发现，放在家里更容易让家长发现自己没去上学，随身带着容易让旁人知道自己是学生。“这孩子，没去上学，马上回家挨打去……”在这种情况下，沈从文就想出了办法，将书篮放到土地庙里，一般人很少去那种地方。这样一来，沈从文不仅少了很多的麻烦，还能确保万无一失，因为那里在人们心中必定是有神灵居住的地方。

沈从文回到家就放下书篮说：“我下学回来了。”到学校见到老师就说：“老师，我家里有事要请假。”就这样，沈从文对父母和老师两头糊弄。从这一点说，现代教育需要家长老师相互配合，学校在规定时间还要开家长会和进行家访是不无道理的。不过，当时中国现代教育刚刚起步，学校和教育部门尚未有这些举措，这就给了学龄时期的沈从文逃学的可乘之机。

沈从文逃学时间长了免不了露马脚，家长或者老师只要有一方发现，沈从文便会被双方处罚。当时的学校是允许体罚学生的，家长对此也支持。

老师是一脸的严肃：“过来！”

沈从文老老实实搬起自己的板凳来到孔夫子牌位前，随后自己趴在上面，等候老师的体罚。完了之后，沈从文还要面对孔夫子牌位深鞠一躬，有时候还要跪一炷香时间。然而，这样的责罚依然无法束缚沈从文的思想。沈从文人跪在屋内，心早就生了翅膀飞到了广阔的大自然中了：钓到鱼之后还要拔刺，在田野里跑着放风筝，看黄鹂鸟，上树摘果子……沈从文心里没有感觉到处罚的严厉，只是“使我无法同自然接近时，给我一个联系想象的机会”。

第二节　逃学成习惯

家人感觉沈从文逃学的真正原因是这家学校管理学生太宽松，于是就换了一所学校。但是，这样一来反而更加方便了沈从文和大自然的接触：原来的学校距离家很近，而新学校路途遥远，这让沈从文在沿途便能领略世间百态：

> 针铺门前永远有一个老人戴了一副极大的眼镜，老人低下头来在那里磨针。又可看到一个伞铺，大门敞开，做伞时十几个学徒一起工作，尽人欣赏。又有皮鞋店，大胖子皮匠天热时……还有剃头铺……
>
> ——《从文自传》

外面的世界强烈地吸引着沈从文，让这个年幼的学子的学习重心从课本上转移到校园外面的广阔世界。他胳臂上挎了可以放十多本破书的竹书篮，在家人审视的目光下去上学，然后走出了家门。可每次来到大街上，沈从文都会将鞋拿在手里，然后一路光脚浏览这沿途的人文景色去学校。从沈从文的回忆中，他上学时期似乎非常喜欢光脚：

我最喜欢天上落雨，若脚下穿的是布鞋，即或天气正当十冬腊月，我也以恐怕湿却鞋袜为辞，有理由即刻脱下鞋袜赤脚在街上走路……

——《从文自传》

沈从文的目光自始至终都是以大街上的市井景观为中心的：

从西城走去，在那边可看到牢狱，大清早若干人带了脚镣从牢中出来，派过衙门去挖土。若从杀人处走过，昨天杀的人还没有收尸，一定已被野狗把尸首咬碎或拖到小溪中去了。我就走过去看看那个糜碎了的尸体，或拾起一块小小石头，在那个污秽的头颅上敲打一下……

沈从文非常喜欢小吃店，他眼中的小吃店门前有大竹筒，里面放满了各种筷子，门前柜台上放一些干鱼和酸菜。沈从文每次从这里经过都会流连忘返。从心理学的角度说，小孩子看见好吃的东西都会被吸引，沈从文同样也不例外。

从这些字面上能够看出，当时的凤凰城很繁华，各种手艺人都在此做工。但也可以看出，民国初年的凤凰城依旧不怎么太平，以至于处死的人犯居然没有人收尸。不过，这对于年纪尚小的沈从文来说只不过是增加一点儿见识罢了。沈从文两只眼睛已经从书本上移开，彻底被学校大门外的繁华市井吸引了。他非常喜欢下大雨、发洪水，还喜欢有人穿着钉鞋走路的响声。

沈从文在这段时间里还有斗蟋蟀的经历。

一年的四月下了雨，凤凰城漫山遍野都是蟋蟀的叫声。这声音让课堂上的沈从文无法集中精力，心也跟着声音跑回到大自然中了。沈从文想尽办法从山野间找到两只比较大的蟋蟀，到下午三点左右就去找一位刻花板的老木匠去斗蟋蟀："师傅，我今天可是捉了大王。"

木匠师傅总要求赌点儿什么，而此刻沈从文除了少年的身子骨之外一无所有："我输了就替你磨刀。"

但木匠师傅对于这种玩法有些不情愿，因为年纪尚小的沈从文曾经毁坏了人家一把凿子。可就算如此，沈从文依然想方设法地要和木匠斗蟋蟀："要不这样，师傅你借我一个盆子，我让我自己的两只比一比。"

木匠师傅被沈从文的软磨硬泡之计折磨的没办法，说道："那样的话，斗败的那只归我，算租赁费。"

等泥罐子打开之后，木匠师傅看到沈从文剩下的蟋蟀不错，而且自己斗蟋蟀的心境已经被眼前的孩子勾起来了："咱们比一比，你赢了我这泥罐子给你玩一天。你要输了，你的蟋蟀归我。"

沈从文的如意算盘打成了。老木匠很快拿出了自己的法宝，双方的蟋蟀在泥罐子里摆开了阵势，一番较量之后，沈从文只留下一身山野泥水回家了，但他的心情还是愉悦的。可回到家里，沈从文难免要被家人识破逃学的伎俩了。

"又逃学了。你自己知道该怎么办吧?"

沈从文老老实实跪下，一直到一炷香点完，然后又被关了禁闭，还罚不许吃饭。每到这个时候，善良的姐姐都要想办法给沈从文送点儿吃的。

家里的惩罚往往要连带学校的惩罚，因为家长会请求老师严格管理学生，但这依然无法阻止沈从文逃学的行为。家里人不明白异常聪明的沈从文不在学业上追求上进的原因，而沈从文也不了解家人为何让自己读书，双方之间缺乏的是必要的沟通。对于沈从文来说，他只是感觉书上的知识太枯燥乏味了，相反，校园外面的世界对他来讲却是非常新奇，比如：骡马推磨时候为何要蒙上眼睛？木头怎么能雕刻成人形……相对这些有趣的问题，沈从文感觉书本上的东西容易多了。尽管沈从文逃学不断，但功课自始至终没有落下。相反，其他孩子闭着眼睛读很多遍依然无法背诵的课文，沈从文居然能在很短的时间内背诵，而且一字不错。这样的成绩不仅让老师对沈从文另眼相看，而且更加强了沈从文蔑视学校教育的心理。

沈从文越发地感觉，大自然的知识才是真正值得学习和研究的，而能逃学去洞察这些知识，才是真正的学习。如果不能逃学，沈从文就会做梦，在梦中飞到那广阔的世界中去，梦见自己飞到天上，然后被带入梦幻的宇宙空间。

因为沈从文在野外闯荡时间很多，因而养成了强悍的性格。当地有一种傀儡戏，每到演出时不管多远沈从文都要去，而此刻他往往都要做好恶斗的准备。按照当地的习惯，成人因为一些事端用单刀或者扁担之类的器械在大街上对打属于家常便饭，即便是与本地军人相互砍杀也毫不见怪。男孩子对这类事情看在眼里，记在心上，因此凶悍强斗就成了他们必修的功课。

看到一个陌生的孩子走近了，当地往往要有一群男孩子围上去。

这种情况下对外地的孩子是不利的，可是沈从文有对付这种局面的办法。

“想打?”沈从文面无惧色，抬手一指对手中的其中一个，“你来，我们打。”

当地人打架也有规矩，尽管一方人多，但是不可以一起上的，因此只能两人对打。输的一方只能被按在地上招来一顿痛打，而别人只能干看着。如果孩子天生懦弱，即便是结伴而行，在遇到有人挑战时也会招来取笑。沈从文的家庭有尚武之风，尽管沈从文没有习武，但习武精神尚在，所以当遇到有人挑战时，聪明的沈从文便会找块头和自己相差无几的人对打，而占据上风的往往是沈从文。

沈从文上学期间换过不少学校，逃学的经历也让他结识了不少孩子，所以在打架方面他并没有过多的惧怕。不过，在一次意外事故中，沈从文留下了终生怕狗的习惯，因为就在一次他和狗的对打中，沈从文被狗扑倒在地，并且还让狗咬伤了手。

沈从文上了民国的新式小学后，在学习方面有了很大的改变。之前私塾里经常需要背诵的经书被取消了，也看不见老师随便体罚学生的迹象。上学时期学生还可以在校园的院子里随便玩，互相打闹。最令沈从文感到吃惊的是，新式小学每周（当时还没有周的概念）还可以放一天的假（古代私塾没有这种规矩），这样可以让“野性难改”的沈从文终于不用逃学去大自然闯荡了。到了礼拜天，沈从文只要完成先生布置的作业，便马上可以跑到野外去玩个痛快。

沈从文在新式小学学习半年之后，再次转学到了城外第一小学。从这个层面说，沈从文的家人为沈从文上学的确费了不少心思，对沈从文的文化学习方面也曾经寄予了很大的期望。沈从文因为转学，从私塾到民国的小学，几乎上遍了凤凰城所有的学校。

新学校附近有高山，周围还有很多大树。按照沈从文自己的话说，到新学校“字也没认多少，可是我倒学会了爬树”。校园后山边几棵梧桐树成为沈从文和同学们比赛的媒介，看谁先爬到顶。

在这里，沈从文越发觉得，学校外边的知识要比课本上的知识多多了。沈从文在校园外认识了很多种树木，也学会了钓鱼、采竹笋……而且他还学会了制瓷：学校附近有瓷窑，沈从文到那里去玩，和瓷窑的工匠打成了一片，很快学会了用白泥制作饭碗的本领。学校也开设了手工课，课堂上也有白泥，沈从文和同学们就研究用白泥雕塑老师的塑像。尽管沈从文如此贪玩，但他的成绩依然能够在班里名列前茅。从这个角度上说，沈从文家人之所以不断让沈从文转学，也是因为看到了他的天赋，想让沈从文在学业上出人头地。

学校有四位老师，其中两位居然都是沈从文的表哥，于此，沈从文想出去玩就可以更加顺利地请到假了，也可以更加顺利地去看戏、钓鱼、捉蚂蚱了。沈从文的表哥应该是清楚沈从文的情况的，而沈从文之所以转学到这里，家人肯定也叮嘱过沈从文的表哥对沈从文要严加管教。但是，沈从文居然能顺利地请到假，这事在现在人看来确实有点蹊跷。或许，民国初年的新式小学教育是允许学生随意请假的吧!

在《从文自传》中有这样一句话：学校既然不必按时上课，其余的时间我们还得想出几件事情来消磨，到下午三点才能散学。从这里可以看出，民国初年学校教育制度是非常宽松的，请假的事情，即便是沈从文的教师表哥有心阻拦，恐怕当时的教育制度也不允许他阻拦。下午三点就可以放学，这在现在的学校是不可能的，因为即便是在冬季，小学的放学时间也要四点半。正是在这种制度下，让少年沈从文得以屡次逃学、“请假”成功，然后到广阔的天地间去汲取更多的社会知识。

1915 年，民国的新式教育进入凤凰城，沈从文由私塾转入凤凰县立第二初级小学学习，半年后转入文昌阁小学。民国的教育体制非常宽松，这就让之前逃学成性的沈从文更加疯狂，他常常把书包偷偷地藏在土地庙里，然后逃学到大街上欣赏木偶戏。有一次，他偷偷地将书包放在土地庙里，然后看了一整天的戏。后来，等戏演完了，其他的孩子放学回家了，沈从文这才想起回到土地庙里去寻找书包，结果没找到。不用说，回到家里沈从文肯定是要被家人责罚的，而且下一步怎么去见老师啊？就这样，沈从文在第二天还是硬着头皮来到了学校，刚走到校园里就遇见了他的班主任毛老师。心知肚明的毛老师就责罚沈从文跪在一棵树下，然后询问沈从文昨天为什么没来上学。沈从文老老实实说：“看戏去了。”毛老师看到沈从文如此贪玩逃学，就严厉地批评他说：“勤有功，戏无益，树都是向高处长，你却喜欢在树底下贪玩。不做高人、做矮人，太让我失望了！”

就算老师的批评严厉，但是当时的教育制度却还是宽松的，于是，沈从文不仅学会了各种游戏，还学会了杂技上的一些功夫，比如：拿大顶、翻筋斗等。有不利索的孩子身体比较笨，沈从文就依照戏班的办法，用一条绳索或者带子，然后两人在两边拉，让不利索的孩子利用外力翻筋斗。遇到乡下的粗壮结实的孩子，沈从文就让他们装扮成战马，让瘦小的孩子骑上去来互相征战。

“杀呀!”

“冲啊!”

双方孩子们呐喊着冲到了一起，然后开始奋力拼杀。孩子们都英勇异常、玩得非常投入，汗流浃背也在所不惜，轻伤不下火线。

“不用不用，这点儿伤不算什么。快，弟兄们赶紧上马，要不然我们就败了。”

受了伤流血的孩子随地抓一把黄土敷在伤口上，一副满不在乎的样子，接下来继续呐喊着冲向“敌阵”作战。不用说，沈从文在这些孩子里便是头领，而孩子们也都愿意听从他的指挥调度。那些被扮作马匹的孩子，有时候比真实的战马还要听话。

孩子们的胆子越来越大，有时候就跑到城外小河边去，看到有小船没有人照看，几人就立刻上船开始划向河中心。等船主人来了之后，总会听见他向孩子们和蔼友善地大声喊道：“兄弟，把船划回来吧，我还等着回家呢。”孩子们听到这和气的声音，就会乖乖地把船还给人家，然后各自回家。

可假如遇到脾气暴躁的船主人，便只会听到他暴躁地大声叫喊：“谁家的没人管的野孩子？怎么随便就把我的船划走啦？妈的，马上划过来！不然的话，老子就要……”

听到这样的骂声，绝对不好惹的孩子们便会毫不客气地让船顺流而下，一边还叫喊着回骂。等感觉差不多了，他们就随便找个地方停船，然后上岸回家。在这种情况下，有时候也会有暴躁的船主追得很紧，在沈从文和伙伴们刚靠岸时，人家就追上来了。

这时，窝了一肚子火的船主是绝对不会放过孩子们的，他会跳上船去，然后来到船头把身体不停地来回摇晃，让小船不停地晃动。有的孩子受不了这种折磨就放声大哭，但有了经验的孩子就可以稳坐于船上，任凭船主折腾依然不动声色。船主发现自己的法力无法降服孩子们时，就会善意地笑一笑："算了，你们走吧。"

有时候会有恶人船主，对孩子们不依不饶，拿着船桨一路追打孩子们。而孩子们也不会示弱，他们会远远地跑开，然后回骂。

第三节　兄弟智斗

到了四月，沈从文带领伙伴们就开始下河捞鱼和游泳，他们从中练就了一身水中功夫。他们每次都要到上游水深一点儿的地方，因为他们感觉那里才配得上自己的游泳本领。当然，沈从文这么玩是要瞒着家里人的，因为家人担心沈从文会被水淹死。但学校下午下学早，无法控制沈从文，因此就有了沈从文的大哥负责侦查弟弟举动的事情。

沈从文大哥发现沈从文不在家，就会到河边去找，看不到人的时候就在岸边的衣服堆中搜寻沈从文的衣裤，然后拿着衣裤等沈从文自己乖乖来上钩。

"能耐啊！有本事别来找衣服啊！"

每每于此，沈从文便无可奈何，只得老老实实跟随大哥回家去挨打。几次之后，沈从文就开始想办法对付大哥的"奇袭"。他首先将衣裤藏到石头底下，然后加派伙伴对大哥实施"反侦察"，只要发现大哥的踪迹，沈从文就会马上将全身没入水中。大哥找不到沈从文，也看不到衣裤，不得已只得询问沈从文的伙伴："喂，看见我们家老二吗?"

此时，沈从文和伙伴早就商议好了对付大哥的办法，面对这样的问题他们都是张口就来："没看到。您可以找找衣服看。"

大哥依然紧追不放："你们不是经常在一起啊?"

"可我们现在不知道他在什么地方。"

"说实话，我家老二是不是在河里?"

伙伴们就说出预备好的言辞："他要在河里的话，你可以查一查岸上的衣服啊。"

沈从文大哥没有办法，只能四处转转，然后在河边随便找几颗贝壳欣赏一下，或者随意画几张速写，然后悻悻地一走了事。而此刻沈从文和伙伴们就会有一种获胜的感觉，然后开始在河里相互打闹庆祝。

但是，沈从文大哥如此几番之后也多了心眼儿，他每次都会假装先离开，然后开始在附近的建筑物里埋伏下来，等沈从文从河里上岸走到近前时又会忽然出现，上前逮住沈从文说道："老二，这回还狡辩吗?"

沈从文被逮住几次后也就加强了防备，在河里玩耍之后，回家途中他开始采取迂回战术，加强了对大哥的防备。沈从文后来在作品《玫瑰与九妹》里曾经专门写过自己和九妹一起同大哥"斗法"的情景，显得其乐融融：

……不知大哥到哪个地方找得这些刺条子来，却还来扯谎说是玫瑰花，”九妹说，“妈，你莫要信他话!”

“你不信不要紧。到明年四月间开出各种花时，我可不准你戴……还有好吃的玫瑰糖。”大哥见九妹不相信，故意这样逗她。说到玫瑰花时，又把手上那一束青绿刺条子举了一举——像大朵大朵的绯红玫瑰花已满缀在枝上，而立即就可以摘下来做玫瑰糖似的！

“谁稀罕你的，我顾自不会跑到三姨家去摘吗！妈，是罢?”

“是！我宝宝不有几多，会稀罕他的?”

妈虽说是顺着九妹的话，但这原是她要大哥到萧家讨的，是以又要我去帮大哥的忙：“芸儿去帮大哥的忙，把那蓝花六角形钵子的鸡冠花拔出不要了，就用那四个钵子分栽。剩下的插到花坛海棠边去。”

大哥在九妹脸上轻轻地刮了一下，就走到院中去了。娇纵的小九妹气得两脚乱跳，非要走出去报复一下不可。但给妈扯住了。

“乖崽，让他一次就是了！我们夜里煮鸽子蛋吃，莫分他……那你打妈一下好罢。”

“妈讨厌！专卫护大哥！他有理无理打了人家一个耳巴子，难道就算了?”

妈把九妹正在眼睛角边干擦的小手放到自己脸上拍了几下，九妹又笑了。

…………

“老二，这一些是三种（大哥用手指点），这是红的，这是水红，这是大红，那种是白的。是栽成各自一钵好呢，还是混合起栽好……你说?”

"打伙儿栽好玩点。开花时也必定更热闹有趣……大哥，怎么又不将那种黄色镶边的弄来呢?"

"那种难活，萧子敬说不容易插，到分株时答应分给我两钵……好，依你办，打伙儿栽好玩点。"

我们把钵子底各放了一片小瓦，才将新泥放下。大哥扶着枝条，待我把泥土堆到与钵口齐平时，大哥才敢松手，又用手筑实一下，洒了点水，然后放到花架子上去。

兄弟两个就这样在斗智斗勇中锻炼成长，而沈从文也在这样的斗智斗勇中练成了游泳的高手。

到了礼拜天，沈从文就更加兴奋，他总是和伙伴们三五成群地下河洗澡后，再去十里路的长宁哨去赶场。而此时，集市上的热闹场景便是让沈从文久久难忘的，比如：牛市上买卖双方脸红脖子粗地吵嚷争执，山货市场聆听猎人打猎时惊心动魄的情景，赌场上的汉子下注时由于紧张而抖动的手臂……不过这些难忘中，最让沈从文感兴趣的还是油坊里榨油的过程，他曾在一本书中写道：

首先将桐籽或者油茶籽沤热，将里面的籽剥出来晒干后碾碎，接下来上大灶蒸熟，然后制成圆饼形状。这时候，油匠都要高声唱着歌开始了榨油作业。在外力挤压下，油就会细细地流入设好的沟槽。

榨油的时候，水车转动的声音和油匠师父悠扬的歌声，还有从锅灶上飘出来的蒸汽，所有这一切让年少的沈从文流连忘返。他看到眼前的油坊，往往会联想起在黄罗寨中见过的大堆的桐籽，那时，妇女们都会用小勾刀剥取桐籽并在坪坝上晾晒，而孩子们也常常会在桐籽上玩耍，听大人讲述附近发生的新鲜事：

张家的老大去山上砍柴遇到了下雨天气，就到一个山洞里边去避雨，居然看到里面有石桌，上面摆放着热气腾腾的食物，可旁边有很大的脚印子；乾州有个李拐子，遇到人熊无法逃脱，被人熊抓住，可人熊总要不停地笑。李拐子用两根竹筒迷惑了人熊……

诸如此类，沈从文很痴迷这些故事，因为当时大人嘴里说的故事都神乎其神，小孩子也都听得惊心动魄，似乎自己说不定有朝一日也会遇到那些稀奇的事情一样。年幼的沈从文就是从这些故事中汲取了乡土文学的营养，然后慢慢地展开了他文学创作的翅膀。

每逢礼拜天不上学的时候，沈从文就和伙伴们到河上游的一处名叫棺材潭的地方去，在那潭水中玩耍一天，还捞出鱼来烤着吃。若是遇到附近有集市的日子，伙伴们便又都跑到市场上去瞎逛。如果运气好，伙伴中又有人遇到慷慨的亲戚，兴许还能请孩子们吃一顿香喷喷的狗肉，虽然这机会很少。沈从文和伙伴们大多是空着肚皮回来，然后就在途中的果树林里找些吃的，比如：桃子、梨子、山果……

说到这里，值得一提的是，此时沈从文的家境依然殷实，“每年还可收取租谷三百石”（来自《从文自传》）。其实这个数字是相当可观的，我们可以估算一下，一石大约一百五十斤。如果你还是对一石没有概念，那我可以再说一句诗：吏禄三百石。这是唐朝著名诗人白居易写在《观刈麦》里的诗句，而当时，白居易的官位级别并不低，可他一年的俸禄也不过才三百石。由此我们大可看出，当时沈从文的家中的确有着很多土地，足以让沈家吃穿不愁。

每年到了秋收季节，年少的沈从文就会跟在家人屁股后头，和家人一起到二十多里外的乡下催收租子，而这样的时机也再次成为沈从文学习的好机会。沈从文从佃户家里找来鸡笼，然后到水田中去捉鱼（稻田里可以养鱼），再用黄泥包住肥鱼放到灶火里边烘烤。这种食物，类似现代的烤鱼，但又有点儿像土制乞丐鸡。

沈从文在乡下玩耍时学会了打猎，学会了如何引诱走兽和鸟类上套，学会了很多他在学校课本上都无法体会得到的东西，但是慢慢地，后来他也学会了一样特殊的东西——赌骰子。按照沈从文自己的说法，很可能是他在早起买菜的时候所剩下的小钱酿成的恶习。刚开始只不过是用买菜后剩下的钱来赌骰子，后来玩大了，就开始打菜钱的主意。在《从文自传》里，沈从文这样描述当时的情景：

谁也不能在我面前占取便宜，谁也骗不了我。自从精通这一项玩意儿以后，我家里这一早上若派我出去买菜，我就能把买菜的钱去作注，同一群小无赖在一个有天棚的米厂上玩骰子，赢了钱自然全部买东西吃，若凑巧全输掉时，就跑回来悄悄地进门寻外祖母，从她手中把买菜的钱得到……

其实沈从文知道，这种事如果让家里人知道了，就一定会遭到严厉的惩罚，但就算他做得天衣无缝，毕竟还有人为之操心，那人就是大哥。有时候，正当沈从文玩得尽兴，肩膀就会忽然被一只有力的大手按住：“这下你还怎么说？你还往哪里跑？”

兄弟俩时常因为沈从文的不听话而斗智斗勇，他们仿佛是家庭中天生的对手，可沈从文也正是在这种环境中成长起来的。所以，遇到大哥的埋伏并被其“俘虏”时，沈从文往往就抽机会挣脱大哥的手，然后一溜烟跑回家去。事情并没有因为他的逃脱而结束，因为等大哥回到家后，大哥依然会用白绸子绑住他的双手然后将他吊起来，最后还会用鞭子抽打，不给吃饭。当时的沈从文还有点儿不理解，可后来慢慢地，他也感觉到了难堪，因为当时沈从文是在跟一些乞丐去赌博，这是非常不顾脸面的事情。而且，他还学会了一些下流语言和赌博术语，尽管这些语言为沈从文后来的写作提供了帮助，可在当时，这些语言的确也让家人丢尽了脸面。

凤凰城在辛亥革命成功后开设了女校，沈从文的两个姐姐也都被送去读书。有一次，沈从文去找姐姐玩，见到了一家炮仗作坊。沈从文很快对炮仗的制作流程产生了兴趣，因此常常寻找各种理由去那里玩耍。在这期间，他了解了如何配置火药，了解了做炮仗的流程，还明白了烟火和炮仗用的火药并不相同，这时的他，越发感觉这些知识真的要比书本上的知识好多了。

女校还配备有织布机器，这可能是为了培养女生在纺织方面的技艺。可沈从文同样也喜欢上了那些机器，这就导致两个姐姐下学后，到了黄昏总还要到织布机器那边去寻找弟弟。

第三章　曾经的军旅生涯（上）

第一节　预　备　兵

1916年，按照当时民国初年的学制，沈从文应该升入高小，也就是现在的小学五年级。不过，当时的国内形势正在发生变化。反对袁世凯的浪潮正席卷中华大地，护国战争也已经波及湘西一带。而向来有崇尚军武习俗的湘西地区的官府感觉军队需要改革，就增设了军官团、学兵营、教导队等一些军事学校，从而培养军事力量以备不时之需。有尚武之风的凤凰城居民看到青年学生像军人一般在大街上走过时，都感觉他们特有出息。于是，很多居民便投亲靠友地寻找教官，请求人家抽时间来教导自己家的孩子。这样的人越来越多，而沈从文的同学中但凡有受过军事教官训练的，都特别神气且强悍，明显要比一般同学硬气。尤其是班长梁凤生，总是不断在同学面前比画训练的姿势。

“怎么样？不一样吧？告诉你们，我们是让将官训练过的。”

话至此，沈从文和一些不明白的同学就赶紧打听，于是梁凤生就道出其中的缘由：只要加入进去后，每两个月就选拔一次，然后就会分配到一份军粮去做战兵或者守兵。沈从文听后便动心了，于是他立马回家和家人商量。当时，沈从文的大哥已经出门到热河一代去寻找父亲了，加之沈从文非常顽劣难以管教，沈从文的母亲就答应了沈从文的请求。

其实，家人的主要目的还是准备让军队严加管教一下沈从文，要不然家人总是替这个异常顽皮的孩子担心，担心他学业不成是一方面，更为严重的是担心有朝一日他会因逃学玩耍出危险或者被淹死。

母亲同意沈从文上预备兵训练班后，还特地为他缝制了一套灰布制服。可还没等制服缝制好，一心想追求刺激的沈从文就找到了班长梁凤生，随后就在同学的引荐下见到了一位姓陈的教官。沈从文在自传中这样描述这位陈教官：

我第一次见到那个挺着胸脯的人，实在有点害怕。但我却因为听说他的杠杆技术曾经得过全省锦标……又能在杠杆上打大车轮至四十来次，简直是个新式徐良、黄天霸，因此虽畏惧他却也喜欢他。

陈教官看到沈从文非常瘦小，就担心他体力不好，因此在很多地方特别照顾他。当士兵准备在操场开始跑步时，陈教官总要大喊一声：“沈岳焕（沈从文原名），出列！”

这个时候，沈从文就会从列队中走出，随后在旁边观看大家跑步。同样，在“正步走”“向后转”的训练中，沈从文也得到了陈教官的照顾。不过，10 多天之后，具有多年社会“闯荡经验”的沈从文还是用自己的勇敢和能力向陈教官证明了自己。陈教官也因此知道，这个十几岁的瘦小孩不仅聪明，而且在体力上也不会输给别人。

陈教官慢慢了解了沈从文后，便开始对沈从文严格起来。沈从文在陈教官的教导下，很快学会了攀杠杆，还练出了一副好身体。根据沈从文自己的回忆，后来的一次伤寒病，自己发烧40多天居然能挺过来，得益于预备兵训练班上的锻炼。传统军人家庭的作风使沈从文养成了坚韧不拔的性格，尽管沈从文身体资质平平，但经一年的军训，沈从文已经完全合乎一名军人的各项要求了。

沈从文的引荐人梁凤生在战兵补习班还是班长，在军训时期同样对沈从文有很大的帮助。沈从文在自传中这样描述当时的情景：

一进去时的单人教练，他（梁凤生）就做了我的教师。当每人到小操场的沙地上学习打斤斗时，他用腰带束了我的腰，两个人各自用手紧紧地抓着那根带子，好在我正当把两只手垫到地面，想把身体翻过去再挺起时，他（梁凤生）就赶忙用手一拉，使我不要扭坏腰腿。有时我攀上杠杆，用膀子向后反挂，预备来一次背车，在旁边小心照料的也总是他（梁凤生）。有时不小心摔到沙地上，跌哑了喉，想说话无论怎样用力也说不出口，一为他见及，就赶忙搀起我来……

从沈从文的回忆中，人们可以知道他为人处世很不错，不然不能在军训补习班得到这么多人的照顾。根据沈从文的回忆，梁凤生的学习成绩很好，在补习班成绩照样出类拔萃。梁凤生的家庭情况不是很好，家中兄弟三人，母亲是一寡妇，靠替人缝补过生活。梁凤生每次收操之后都要跑回家去，然后拿上装好甘蔗的竹篮子到大街上去叫卖：

“五文钱一节啊……好甘蔗很甜的……”

梁凤生每天晚上总会在大街小巷里穿梭，把甘蔗卖完之后，能赚到三五十个铜钱。而每当他遇到同学、伙伴时，梁凤生总是一句话不说，然后偷偷地拿一节甘蔗忽然塞到同学手里，然后快速闪开。沈从文拿到甘蔗后也总是非常感动，他是真心感谢梁凤生的。

沈从文在补习班还有一位非常要好的陈姓同学，两家居住不远。每次在下午三点吃过晚饭（当地人习惯）后，二人就穿上军服，然后整齐地从大街上走出城去。旁边的小商小贩都和他们开玩笑，但两个军训生心里却感觉非常自豪。陈姓同学看中了团长的位置，而沈从文则萌生了想像爷爷那样去做将军的想法。当时已经到了民国时期，延续千年之久的科举制度已经在中国消亡，人们通过学习文化知识试图考取状元的想法已经成为泡影，但附近的军队却勾起了沈从文的将军梦。家族的重任让此时此刻的沈从文热血沸腾，他感觉父亲尚未完成的事业自己有责任有义务去承担下来。

机会，终于来了。

军营里守兵的一名缺额分到了沈从文的补习班，沈从文不假思索就报了名，但他没有被选中。当时，沈从文只不过才 13 岁多一点儿。操演时镇守署的参谋长和很多军官来观看，参考的学员都要在小操场做杠杆演练，然后翻木马、过天桥、走正步以及做各种跪卧姿势，完成所有动作后，还要跑到阅兵官面前快速报告。沈从文在操演中没有出现大的失误，但那个守兵的名额还是被一位田姓同学拿走了。

沈从文的这位田姓同学非常优秀，原先在艺术学校成绩都是第一名，在军训补习班里也做了很长时间的大队长。按照沈从文后来的估计，如果当时得到考学的机会，这位田姓同学一定能去中国名牌大学深造。而他如果在绘画上能得到名师指点或者到国外学习，说不定就能成为知名画家。但是，人生的旅途不会永远风调雨顺，10 年后的一天，沈从文打听到这位田姓同学的情况，得知他依然在军队里担任少校的闲职。

沈从文虽然没有被选中，但家人从中看到了希望。当沈从文把选拔的过程向家人汇报时，家里出现了亲切的笑声，第二天家人为此还特地杀了一只鸡作为给沈从文的鼓励。

然而，事情的发展又再次出乎沈从文和家人的预料，当选拔兵源的机会再次出现时，沈从文还是没有被选中，而是一位姓舒的同学凭借其过人的胆识抢去了名额。根据沈从文的回忆，那位姓舒的同学居然从两丈高的天桥上倒翻筋斗落下，而且还能稳稳地站住，此举让在场的人无不惊骇。沈从文的同学都输得心服口服，但天有不测风云，这个曾被所有人佩服的姓舒的同学在两年后死掉了，原因是得了热病。

在第三次选拔中，沈从文依然与守兵名额失之交臂，而这次的名额是被一位外号“田棒槌”的同学因撑竿跳是第一名而争取到了，可惜这位“田棒槌”参军后在一起事故中死掉了。

虽然，三次参选都没有被选中，但沈从文感觉家人似乎对此满不在乎，因为他隐隐约约感到，家人在看到自己每天都穿戴整齐去军训团出操，还学会了很多的军人礼节后，都觉得自己是走上了正路，他们便已经很满意了。

好景不长，镇守使看中了军训团的陈教官，就让陈教官当了他手下的营副。教官一走，军训团没有了主心骨，于是自行解散了。八个月的军训生活就这样结束了，也正是这八个月让沈从文终于从一名时常逃学的顽劣孩子成了一名军人，也让他萌生了做将军的想法。

第二节　老兵滕四叔

当时，凤凰城有三支军训团。沈从文跟随的陈教官这一支军训团比较正规，属于城内比较高级的新式军训团。另外一支是由镇守使署卫队杜连长带领，实力上难以和陈教官匹敌；还有一支是和沈从文家住一条街的老战兵滕四叔领导的，使用的是旧式军队的训练方式。相比之下，新军队的训练方式更为严格，练习的是现代军队里的摸爬滚打；而旧军队的训练方式有点儿像训练武功，冷兵刃诸如刀枪剑戟、弓箭标枪都有。单练对打、大刀取耳、单戈破牌等，老师都要先行示范，然后再让学员比画练习。

其实，滕四叔和沈从文是有些渊源的。

沈从文在六岁时得过一次蛔虫病，在当时，因为当地医生的医术难以治疗，沈宗嗣就把沈从文交给了精通医术的滕四叔，可能也有些让滕四叔“死马当成活马医”的意思，因此，滕四叔就成了沈从文的实际监护人。说来，这滕四叔还真的不简单，他拿来一种用草药蒸鸡肝做成的饭食让沈从文来吃，最终治好了沈从文的病，还给沈从文起了名字沈茂林（后来沈从文进行文学创作时此名一度用作笔名）。

但是，沈从文病好之后，沈宗嗣就不让沈从文跟这个滕四叔接触了，因为当时滕四叔从事的算卦行业是不被人尊重的。

滕四叔武功高强，翻筋斗犹如吃饭一样简单，他只要将头一歪就可以将身体翻过去；他能在很短时间内爬到很高的树上；他会倒立很长时间，还是游泳高手。从这个角度上说，滕四叔领导的军训团能够在众多军训团里占有一席之地，是全凭他个人的能力。滕四叔没有军衔，因此官府不曾给他一文钱的津贴，可滕四叔就喜欢和孩子们在一起，他和蔼可亲，凤凰城里人人都尊称他为滕四叔。

滕四叔本身就是一个没有文化的老战兵，一些小兵们见到他时，总是称呼他为“总爷”，并且态度非常谦恭。他不仅教孩子们武功，而且也鼓励孩子们打架；不仅教孩子们摆军阵，而且也让孩子们赌钱。因此，滕四叔军训团里的孩子大多是贫苦人家的子弟，因为家中有些钱财的孩子是不会被送到这里来的。

滕四叔多年在行伍里生活，所以家里积攒了很多冷兵器，比如：红漆花纹的牛皮盾牌、戴红缨的标枪、方天画戟、白檀木的齐眉棍……

“年刀月棍一辈子枪。孩儿们，耍起来啊——”

随着滕四叔一声号令，十几岁不等的孩子们便都各自抄起家伙耍了起来。

除了冷兵器之外，滕四叔家中还有很多乐器。在孩子们练习武功练累了的时候，总会听到鼓乐声。而有时候的武功表演也会配有打击乐，在锣鼓声响起的时候，学员拿起刀枪对练，颇有一种武戏的味道。

在沈从文的新式军训团里，如果有学员犯了军规，除了当胸一拳之外，还有罚立正的规矩。可在滕四叔这里没有这种做法，这里是用一种近似奖励的手段来处罚犯了错的学员。

“去，游过河去。”滕四叔说这样的话时都会在脸上挂满笑容，让人看不出一点儿处罚的意思。

沈从文的新式军训团教授的是步枪打靶、白刃肉搏，可滕四叔军训团练习的是骑马射箭，随着鼓乐摆军阵。因此，滕四叔的军训团总是让沈从文向往不已。

可就算滕四叔的军训方式看上去比其他军训团的都要轻松自在，可每当守兵名额张贴公布时，滕四叔的军训团往往要多占去几个名额。16 年后，沈从文大略估算了一下凤凰城所有军训团培养的军事人才，唯有滕四叔的军训团出的人才多，而且其中一名张团长在军伍里表现非常出色。

从当时凤凰城的各种军事培训机构的性质上分析，他们都是属于私立性质的，而且在教育方式上，存在新式军队和传统军队两种不同的教育纷争。滕四叔的传统军事化教育尽管已经落伍，但传统文化的精髓却依然是值得孩子们去学习的：不屈不挠，勤奋顽强的军人作风，这才是最主要的。

滕四叔和沈从文同在一条大街上居住，两家距离也不算远。滕四叔是凤凰城远近闻名的能人，因此沈从文有很多事情都少不了要请滕四叔帮忙。不过，沈从文家人却不信服老战兵这一套，他们担心生性顽劣的沈从文跟滕四叔学坏了，便总是不许沈从文跟着滕四叔学习。

“老二，你要少到滕四叔那里去！”

“为什么?”沈从文眼神里满是不服气。

“没有为什么，就是不许去!”

家人的态度明晰可见，可尽管如此，沈从文还是在偷偷练习着滕四叔的套路。因为按照沈从文之后的说话，在此后的10年内，沈从文在行伍中遇到的几次危险，都是靠着从滕四叔那里学到的本领帮助自己化险为夷的。

沈从文后来在自传中回忆这段历史，他这样评价滕四叔：

……学识方面使我敬重的是我的一个姨夫，他是个进士，辛亥革命民选县知事。带兵方面使我敬重的是本地一统领官。他做人最美技能最多；使我觉得富于人性十分可爱的，就是这位老战兵。

滕四叔的旧式军训方法，重在培养学生的尚武精神，并且让学生自尊自重，他对学生和气，用公平的态度对待学生，如此一来，学生自然也更加懂得尊师重道。而所谓的新式军事教育，则完全是将学生训练成为执行命令的机器。

第三节　从　　军

军训团解散后，沈从文家开始进入祸不单行的状况，外出的父亲因为各种原因欠下很大一笔债务，家中只得卖出大部分的不动产才得以偿还。后来，沈从文的二姐又不幸亡故了。就是这次家境的巨变让沈从文母亲的想法也渐渐改变了，她忽然觉得与其让沈从文在凤凰城入乡随俗地堕落下去，还不如让他走到广阔的大千世界里去，让他自己去谋生。毕竟此时的沈家，也不再可以保证他一辈子的衣食无忧了。为此，沈从文母亲还特地寻找到一位姓杨的军官，让沈从文以补充兵的身份加入行伍。后来，沈从文在《从文自传》中这样描述当时的情景：

那天我自己还正好泡在水里，实验我从老战兵那学来的沉入水底以后的耐久力与仰卧水面的上浮力。这天正是旧历七月十五中元节，我记得分明，到河边还为的是拿了些纸钱同水酒白肉祭奠河鬼……七月十六那天早上，我就背了小小包袱，离开了本县学校，开始混进一个更广泛的学校了。

沈从文是在中元节的晚上才意识到自己要出远门的，因为母亲在吃过晚饭后要求沈从文换上了长衫，然后带着他去串门，俨然一副正式的样子。结果沈从文到了门口才知道，目的地不过就是沈家的邻居杨家。沈从文记得杨家有个岁数和自己相差无几的很漂亮的女儿，名叫杨莲生，人们都称呼她为莲姑。曾经有一次她还扮过观世音菩萨，被人抬着过大街，而且她也尚未许配人家。当时的沈从文想入非非，以为是要去相亲。想到此，沈从文忽然羞怯了起来，不愿意走进杨家的门，直到沈从文母亲说只是去串门、没别的意思后，沈从文才走了进去。

沈从文和莲姑见面俩人都很高兴，莲姑还拉着沈从文在庭院里转了一转，看一下周围的景色，后来才进入屋内。进屋之后，沈从文又按照母亲的指示开始给杨家父母施礼，这时沈从文才知道，母亲是在和杨家表叔商议让他去当兵的事。

当时的沈从文还想着要带着养的蛐蛐一起上路当兵，可看到母亲一边收拾东西一边落泪时，他的心也开始有些触动，然后也跟着母亲不知不觉地哭了。直到此刻，即将出远门的概念才在他幼小的心里慢慢清晰了起来。

早起，大姐叫醒了沈从文，让他收拾一下准备出发。待他起后，外祖母又特意将他拉到一旁叮嘱，说道："孩子，你要出门，我还不晓得能否再见到你。给你娘磕个头吧，你让你娘太操心了……"于是，沈从文又规规矩矩地给母亲磕头，母亲也含泪开始叮嘱沈从文："到了外面不要淘气……你出去不指望你能升官发财，只希望你能好好做人。家里已经非常困难，这处宅院三五年就要保不住了。希望你在三五年时间里能有出头之日，能接济我和你九妹……"

沈从文当时只有 14 岁多一点儿，正是需要家人关爱的时期，不过，已经在学校外面"闯荡"多年的沈从文太向往自由自在的生活了，因此刚刚离开家的那段日子，他并没有很不舍和难过，相反的，他应该说是很快乐的。从这一点来看，沈从文因为长时间跟社会上的一些人或事情接触，所以要比同龄人成熟得多。而且，假如沈从文当时在学校规规矩矩的话，他也不会有出门谋生的本领，当然家人也不会让 14 岁的他外出谋生。

按照沈从文的回忆，当时他身着极不合身的衣服与那些穿着黄色制服的人一同上路，而这一路上也有不少熟面孔，其中就有坐在军官家眷坐轿里的莲姑，尽管昨天二人还说说笑笑，可此时二人却俨然形同陌路。而此时的莲姑和沈从文做梦都不会想到，如今坐在轿上的莲姑会在不久后因为吸食鸦片死去，当然，这也都是后话了。

尽管沈从文此前经常在校园外瞎混，可出门后的日常生活还是愁坏了他，他不知道吃饭睡觉要到哪里，而且家人塞给他的很多御寒的衣裤在还没发挥作用之前，便已累坏了沈从文。

第一次出远门的沈从文开始感到了生活的压力，他看到随行坐在轿子里的几个女孩子和几位长官，首次感觉到地位差距带来的陌生感。因为此前在凤凰城，沈从文和他们都还算脸熟，可现在这些人却都好像看不到自己一样。心里的巨大落差，让沈从文万分无奈，他开始向后边的脚夫靠拢，而善良的脚夫也发现了沈从文背上沉重的包袱，于是就让沈从文将包袱放在了担子上。

随着路途越走越远，包括沈从文在内的 12 个人掉队了，而这一行人中就有他的同宗兄弟沈万林，还有赵裁缝家的独生子赵开明。

这一行人到了泸溪后，一家绒线铺里的一位姑娘进入了赵开明的视线，不过一眼，他便似乎坠入了爱河不能自拔。可是路还是要赶的，于是，他就发誓说："有朝一日我做了副官，一定要回到这里找这个姑娘做老婆。"16 年后，沈从文写的小说《边城》，就是以这两人的故事为原型写就的。

在 1934 年的一天，沈从文回到老家还见了赵开明夫妻，后来他又以此为题材写了作品《老伴》。在《老伴》中，他这样描述再次和赵开明夫妇见面的情景：

……我紧跟着进了那个铺子。有这样稀奇的事情吗？我见到的不正是那个女孩吗？我真惊讶得说不出话来。十七年前那小女孩就成天站在铺柜里一垛棉纱边，两手反复交换动作挽她的棉线，目前我所见到的，还是那么一个样子。难道我如浮士德一样，当真回到了那个“过去”了吗？我认识那眼睛，鼻子，和薄薄的小嘴。我毫不含糊，敢肯定现在的这一个就是当年的那一个。

“要什么呀?”就是那声音，也似乎与我极其熟习。

我指定悬在钩上一束白色东西，“我要那个!”

如今真轮到我这老军务来购买系草鞋的白棉纱带子了！当那女孩子站在一个小凳子上，去为我取钩上货物时，铺柜里火盆中有茶壶沸水产音，某一处有人吸烟声音。女孩子辫发上缠得是一绺白绒线，我心想：“死了爸爸还是死了妈妈?”火盆边茶水沸了起来，小隔扇门后面有个男子哑声说话：“小翠，小翠，水开了，你怎么的?”女孩子虽已即刻很轻捷伶便的跳下凳子，把水罐挪开，那男子却仍然走出来了。

真没有再使我惊讶的事了，在黄晕晕的煤油灯光下，我原来又见到了那成衣人的独生子，这人简直可说是一个老人。很显然的，时间同鸦片烟已毁了他。但不管时间同鸦片烟在这男子脸上是刻下了什么记号，我还是一眼就认定这人便是那一再来到这铺子里购买带子的赵开明。从他那点神气看来，却决猜不出面前的主顾，正是同他钓蛤蟆的老伴。这人虽作不成副官，另一糊涂希望可终究被他达到了。我憬然觉悟他与这一家人的关系，且明白那个似乎永远年青的女孩子是谁的儿女了。我被“时间”意识猛烈的掴了一巴掌，摩摩我的面颊，一句话不说，静静的站在那儿看两父女度量带子，验看点数我给他的钱。完事时，我想多停顿一会，又借故买点白糖。他们那份安于现状的神气，使我觉得若用我身份惊动了他，就真是我的罪过。……

不过，当时这些补充兵还是要继续赶路，追上大队的。随着路的不断延伸，沈从文感觉摆在面前的困难越来越大。他们一行人在黄昏前来到一条江边（从方位上推断，应该是沅江）。一排篷船停靠在岸边，一条船上还挂着旗子，但各个船上都有士兵，每个人都在寻找自己的位置，唯独沈从文自己背个大包袱站在岸边不知道要上哪条船。

“请问大爷，我能上去吗？”沈从文终于鼓足了勇气开始上前询问，可很多人对眼前的这个不起眼的孩子都是不屑一顾：“满了满了，到别处去吧……”

几番折腾之后，沈从文越发胆怯，惆怅涌上了心头。天色渐渐暗了下来，沈从文呆呆地看着船上的人烧火煮饭，而自己却哀戚地坐到了一块大石头上。连续一天的赶路让沈从文浑身都散架一般酸痛，而不远处江面上的薄雾和水鸟也让他想起了曾经在凤凰城玩耍的情景，这是第一次，沈从文对家庭的温馨和外面世界的冷落有了明显的感受。

就在沈从文越来越难过的时候，曾经与他有过交集的一位善良的人发现了他，了解了情况之后他就领着沈从文来到了一条空船上，沈从文为此很高兴，他开始觉得在这冷漠的世界里，熟人就是家。

稍作休息后，浩浩荡荡的船队在大江上开始继续行进了，而此刻的情景让沈从文大开眼界。两岸的竹林和村落成为沈从文眼中美丽的图画，还有人们在划船时唱的号子，让整个江面都回荡船工号子的歌声。至此，沈从文方才的惆怅心绪才开始慢慢地一扫而空，他也暂时忘记了远离家乡的愁苦。

四天之后，船队终于到达沅陵城中南门河岸专用码头。又再两天，沈从文所在部队被安排在总爷巷的旧参将衙门里。从此，沈从文就提前结束了少年时光，开始了成年人的生活，而且还是在军营里。

沈从文在《从文自传》中提到对军营环境的印象是：墙壁到处是膏药（指残破不堪），地下各处是瓦片同乱草，草中留下成堆黑色的粪便……

由此我们大可以想象，第一次踏进军营的沈从文是一种什么样的心情。沈从文刚刚结束少年无忧无虑的快乐时光，心中充满了对未来美好生活的无限憧憬，可最后发现，现实和想象的反差是如此的大。

可现实是残酷的，没有办法改变，作为军人的沈从文必须听从长官的军令，老老实实加入到20人的清扫队伍里。他们辛勤劳作了一整天后，终于将原来猪窝一样的军营洗刷出了模样，后勤处随后送过来草垫和木板，让警卫连100多人就这样开始了第一夜的安眠。

沈从文属于警卫连的补充兵，他们和正式军人的要求是不一样的。早晨他们需要集体出操跑步锻炼，接下来是单人教练慢步走，下午清闲无事就唱歌闲聊。在沈从文的印象中，警卫连的战士们都非常单纯，年岁从13岁到22岁不等，大家一起吃粗米，睡硬板床，所以这段日子在沈从文看来，是十分简单快乐的。

沈从文曾经在凤凰城参加过军训团，因此在军事技能方面要比一般士兵技高一筹。所以，没多长时间，沈从文就凭借自己过人的表现当上了班长，而当时岁数尚才十几岁的沈从文能有如此的成绩，其心中的兴奋可想而知。

按照沈从文的回忆，这个军营里的人员有的可以自由出入军营大门，而有的不能随便出去，具体原因，沈从文也无从知晓。不过，沈从文是这样估计的：可能城里人外出是因为熟悉，乡下人本来也可以外出但没有外出的胆子，担心出事。

沈从文的说法有依据，因为每天晨跑结束时，苗人吴连长都要给士兵说几句："现在来这里的客军很多，我们作为军人一定要注意军容，军装一定要穿整齐。如果谁违反军队风纪，一定要重罚。"

吴连长话中没有提到说某些人不可以随便上街，对此，沈从文心中早有打算。他很快就熟悉了沅陵城，对这里的街道和建筑也都有了大概的了解。他顽劣的习性很快就显露出来，在没有人管着的情况下，他在沅陵城的大街小巷串走着。

沈从文很快喜欢上了河街，因为那条街上有很多的商铺专门卖一些非常有趣的小商品，比如：小鱼篓、小刀子、烟嘴……沈从文每次都要傻呆呆地站在旁边看很长时间。而且，沈从文还喜欢吃那条街上的汤圆，一边吃一边看旁边的过路人。有时候他会碰见长官，那时候就需要站起身敬礼。

"敬礼!"

"好好，吃着哪!"每次这种时候，长官都会笑一笑，然后走开。

团长的马夫张大哥进入了沈从文的视线，二人很快成了好朋友。他们一起牵着团长的坐骑去朝阳门外草坪上放马。只需把长长的马缰绳一端固定好，然后二人就开始自由自在地闲聊。他们会说一些各自看到的稀罕事，要不就练习爬树，或者到学校外边看孩子们玩球。

从沈从文的这些生活细节可以看出，他原先在凤凰城养成的顽劣秉性正在这里慢慢恢复。现在，沈从文已经成为军人，军队的纪律比家里严明多了。聪明的沈从文明白，四处走一走是可以的，但严明的军纪约束着自己的行动。比如，在沅陵城的这段时间，沈从文没有提及打架的事，这就足以证明身为班长的沈从文的确已经“长大了”。

沈从文对军营生活唯一不满意的地方就是饭食。他在自传中不止一次提及军营的饭食是糙米、陈旧的米。不过，他们到礼拜天还可以吃到猪肉。订好的每人四两肥猪肉，这足以让这伙年轻军人解解馋了。

武器终于发下来了，沈从文领到的是小口径汉阳造五响。当时，他们的队伍分发的武器有很多种：单响、五响、拉筒、盖板、九子……单从沈从文的汉阳造五响分析，这种枪能装五发子弹，在当时属于不错的武器。二三十年代中国地方武装很多还用鸟枪，沈从文所属部队能配备这样的武器，说明湘西军队的发展已经达到了一定的水平。

沈从文所在部队后来被编入支队司令张学济的卫队。张学济是行伍出身，不识字，生有非常浓密的连鬓胡子。卫队平时除了司令官出门拜访他人需要选拔二三十人做警卫之外，别的无事可做。有一次，沈从文被选中跟随司令官执行了一次警卫任务，因为表现出色居然得到了五毛钱的奖赏。

当时的湘西已经兵灾成患，各个军事头领都想在此争得一席之地。沅陵城地方也成立了一个湘西联合政府组织，全名称为靖国联军第一军政府，旗下有三支部队：沈从文的老乡、凤凰人田应诏的部队，民政长芷江人张学济的部队，黔军旅长卢焘的部队。当时，冯玉祥统领国军驻防常德，很想寻找机会统一湘西。双方在军事上形成了对峙的局面，都在等待机会灭掉对手。

在这样的政治环境下，湘西当时的经济发展缓慢，各个军政当局的主要收入都是鸦片烟税。为了集聚资金发展实力，他们还大肆发行纸币，以至于事态发展到每次兑现纸币时都会有妇孺被踩死。军队为了各自的军粮也在争强斗狠，伤人事件不断发生。

沈从文所属部队是靖国军第二军第一游击支队，总兵力在两万人左右，头领正是芷江人张学济。为了稳定湘西局势，湘西联合政府开了一次会议，重新划分了各个军队的防区，并让军队负责维持地方治安。这样一来，沈从文所属部队就接到任务，准备到总司令张学济的家乡芷江去清乡。

任务下来了，士兵们都很欢喜，出发时每人还发了一块现大洋。沈从文特地将大洋换成了铜元，然后买了三双草鞋，一条毛巾，另外还买了一把名字叫“黄鳝尾”的小尖刀。沈从文非常喜欢这把刀，感觉有了刀就好像有了灵魂一般。他仿照苗人吴连长的做法，将刀放到裹腿里，随后还特意回到河街吃了一碗汤圆，第二天就跟随部队踏上了征程。

第四节　执行清乡任务

中国在二十世纪二三十年代曾有过一段“军人化”的时期，但军阀割据严重，军阀都为各自的利益去互相征讨搏杀，并且，当时的军队纪律涣散。沈从文所属这支部队也不例外，部队都是在维护当地军政当局的利益，并为了自己的利益不惜杀人放火。这种部队不是在维护国家利益，不是在推动民族的复兴，相反，它们都是在坑害老百姓，破坏国家的统一。

这次清乡行动在当地县志上有明确记载。当时，沈从文怀着初次参军的天真想法参加了这次清乡行动。后来，他在文学创作中曾经以小兵为笔名，这很大程度上就是怀念自己的从军岁月。其中，在作品《船上》里，沈从文描写士兵在行军途中梦想有朝一日当了大官之后，也像黔军卢焘旅长那样骑着高头大马出门；作品《入伍后》里描写了主人公当兵之后愉悦的心情；在现代诗《叛兵》里，沈从文写出12名逃兵在被处决之前都想起和恋人诀别的一刻，作品集英雄气概和滑稽于一体的风格让读者啼笑皆非；在作品《连长》中有一名长得很漂亮的军官得到当地一名寡妇的青睐……沈从文用现实主义手法将自己当年从军的生活展示给读者，让生活在和平年代的人们去感受动荡年代军人生活的惊心动魄。

沈从文所属队伍从沅陵出发，走了七天水路、三天旱路之后抵达东乡榆树湾。队伍每到一个村镇都会受到当地乡绅地主的热情款待，后来队伍进入到山里后，情况发生了变化：冷枪开始袭扰部队的行军。

当时，部队正行进在山间小路上，忽然“啪”的一声枪响，队伍里有士兵马上倒了下去。

“快快，有情况！弟兄们马上隐蔽……”随着长官的军令，士兵们迅速散开，开始向目标展开搜索。可队伍搜遍了竹林，也没看到人影。没有办法，大家只好回来，然后抬上刚刚死去的弟兄继续行军。后来，行军途中又有两名士兵遭到冷枪射杀。沈从文在自传里这样用一句话结束了这次行军：后来我们却杀了那地方的人将近一千。

这句话字数不多，但内容非常丰富。其中的细节，沈从文没有做详细描述，或者因为他于心不忍。军阀为了报复，居然对当地人大开杀戒。沈从文参与了这次事件，但这位著名的作家并没有对此次事件做出任何评论。但是，这次事件只不过是个开始，更大的屠杀还在后边。

队伍抵达目的地之后，沈从文所属部队和清乡司令部驻扎在天后宫楼上。第二天，各地的团总都过来给司令部提供给养，同时还用绳子绑过来43名很老实的乡下人。这43人当夜过了一次堂，按照各自罪名的不同挨了一顿板子和一顿夹棍，结果有27人招供画押。第二天，士兵就把这27人拉到野外砍头了。

沈从文回忆这段历史，对这43人用了非常褒义的话“很老实的乡下人”。从这句话能够看出，沈从文对这些人充满了善意，他心里不赞成这种屠杀。但是，一名小小的班长无法左右当时的局面。通过这次事件可以看出，当时的军政当局司法很乱：军队居然随意处置司法案件，还杀人如麻。

更大的屠杀还在继续。清乡部队到处抓人，抓到人后就开始上大刑，让这些人认罪，并要他们缴纳家中私藏的枪支弹药，不认罪就杀头。交不出武器可以折合成钱：一条枪一百八十元，一排子弹一元六角。只要交了钱，随后就放人。沈从文在自传中这样描述这些情节：看起来像是十分近情合理。

沈从文的用词很贴切，只不过是看起来像“近情合理”，其实并不合理。既然这些抓来的人没有私藏枪支，那为何还要屈打成招？并且还是只要交钱就可以放人？沈从文从这个角度说出了湘西地区出现兵慌的真实原因：只要手里有枪，人们完全可以捏造理由集聚钱财，随后扩充地盘和人马，继而称霸一方。

按照沈从文的说法，沈从文所属部队杀人还属于“情节轻微”的。

一个黄姓的辰沅道尹，在那里杀了约两千人，民六黔军司令王晓珊在那里又杀了三千左右，现时轮到我们的军队做这种事，前后不过杀一千人罢了。

那个地方距离沅州县城约九十里，距离黔阳县城约六十里，属于偏远地区的一个城镇。这里每隔五天会有一个集市，到时候可以买卖猪肉和其他东西。军队利用乡绅之间的矛盾变相搞钱财，还雇佣当地人做侦探，到集市上秘密搜索土匪的奸细，随后抓起来到军营里细细拷问。如果发现了土匪的证据，马上将土匪奸细拉到集市上人最多的地方砍头示众。把头砍下来，在地面流一摊腥血。人杀过后，大家还欣赏一会儿，或用脚踢踢那死尸两下，踹踹他的肚子，仿佛做完了一件有益于人民、无愧于本职的正经工作……

——《从文自传》

沈从文有两次在集市上看到两个人因为仇怨而互相砍杀，一直到一方被打倒为止，这样的事情让他刻骨铭心。

还有件事也给沈从文留下了深刻的印象。当地商会会长有一位年轻貌美的女儿，后来得病死掉埋葬了。就在下葬的当天夜里，本地的一个卖豆腐的青年男子居然从坟地里挖出了女尸，然后背到山洞里睡了三天之后才送了回来。现代人看这种事情无非是用两个字表达自己的感受：变态。当时，沈从文感觉这事也比较奇怪，他曾经询问那个卖豆腐的男子心中的想法。那人没有正面回答，只是对自己做的事情感到非常满意。对于随后的行刑，卖豆腐的男子居然没有丝毫畏惧。

四个月之后，沈从文所属部队准备向怀化移防。

命令下来，军营一片混乱。传令兵开始冒着汗在大街上疯跑，副兵也抱着长官的香烟四处走动，师爷忙着给乡绅告别，司务长也在忙着给各家铺子算账……

沈从文在怀化驻防一年四个月，他估计看见过七百人左右被杀。

一些人在什么情形下被拷打，在什么状态下被把头砍下，我可以说全部懂透了……我看了些平常人没看过的蠢事，听了些平常人没听过的喊声，且嗅了些平常人没嗅过的气味……

从这些字面上可以看出当时沈从文的心情，他不赞成这种生活，他不愿意随便无缘无故去杀人。看到这种情景，沈从文从心里反感。

每次抓来人犯后都是先过堂。堂上，戴着墨镜的军法长总是满脸杀气：“不招供就打。”随后就是将犯人按倒在地打一百下，然后再审问。

“有人告你是土匪。说吧，不招就打死你。”

“我冤枉啊，他们是诬告。大老爷明鉴……”

“我不明鉴，你不招我就打。”

“大人救命啊……”

为了逼口供，军士就想方设法折磨犯人。军营里的酷刑也是多种多样的：用木棒敲打犯人脚下的螺丝骨（就是脚掌连接小腿的那个关节上的那个突出的圆骨头，螺丝骨是方言的叫法）；还有香火熏鼻子、香火烧胸肋……而作为司书的沈从文必须要记录下来，要亲临这种残忍的现场，让犯人按了手印后，沈从文整理交给军法官。

晚上过完堂后，第二天就要杀人了。而每到这时，那些有学问的副官、书记官、军法长……都要跑过去像看戏一样欣赏。按照规矩，如果是老土匪，被砍头的时候应该单腿下跪，如果身上有伤可以盘腿坐下，这样被砍头之后才能仰面倒下，魂魄到阴间才得以超生。……令沈从文惊奇的是，有的死刑犯跪下后往往用力伸长脖子，而刽子手的刀法也很精准，一刀下去……

当时，杀人时间如果碰到了集市时间，刽子手就会拿着血淋淋的鬼头大刀去四处转悠，后边还要跟着两个抬着箩筐的伙夫。他们每走到一个卖肉的旁边都要割下一块肉，最后回到军营去炖。接下来就是喝酒，有军官喝着喝着还要猛然间用手掌向旁边的伙伴脖子上砍一下，随后发出一阵笑声。他们喝醉了就躺在地上呼呼大睡，而勤务兵只能像狗等主人那样在旁边等着，一直到他们醒来。

沈从文回忆录里提到这段生活，用得最多的字眼就是杀人。士兵好像除了杀人无事可做。杀人已经成为部队打发时光的一个办法，以至于最后发展到一些军官都会像去看戏一样去欣赏杀人。

有一位自持学问甚高的军法长，在行刑之前总要一本正经地宣读一下犯人的罪状，随后还要在预先设好的条子上打一红钩。接下来，当士兵押着人犯出去杀头时，这位文质彬彬的军法长马上拿起白铜水烟袋一溜小跑来到距离刑场不远处的土堆上，然后瞪大眼睛看着刽子手杀人。假如某次行刑出现了不同以往的场面，都会成为所谓的副官处、卫队营、军需处等地方军官们茶余饭后的谈资，甚至他们还为此开玩笑。

有时候，沈从文在外面还看到这样的情景：前面是士兵，中间是十二三岁的孩子挑着两个人头。一般情况下，人头都是小孩的父亲或者叔伯……

沈从文描述这些情景时，字里行间充满了愤怒，但他无可奈何。后来，沈从文在文学作品《五个军官与一个煤矿工人》中描述了这种惨无人道的制度下民众的生活：

……山前山后随处可见到用土法开掘的煤井。沿河两岸常有运煤船停泊，码头间无时不有若干黑脸黑手脚汉子，把大块烟煤运送到船上，向船舱中抛去。若过一个取煤斜井边去，就可见到无数同样黑脸黑手脚人物，全身光裸，腰前围上一片破布，头上戴了一盏小灯，向那个俨若地狱的黑井爬进爬出。矿坑随时皆可以坍陷或被水灌入，坍了，淹了，这些到地狱讨生活的人自然也就完事了。

矿区同小山城各驻扎了相当军队。七年前，有一天晚上，一名哨兵扛了枪支，正从一个废弃了的煤井前面经过，忽然从黑暗里跃出了一个煤矿工人，一菜刀把那个哨兵头颅劈成两爿。这煤矿工人很敏捷的把枪支同子弹取下后，便就近埋藏在煤渣里。哨兵尸身被拖到那个浸了半井黑水的煤井边，咚的一声抛下去了。这个哨兵失了踪，军营里当初还以为人开了小差，照例下令各处通缉。直等到两个半月以后，尸身为人在无意中发现时，那个狡猾强悍的煤矿工人，在辰溪与芷江两县交界处的土匪队伍中称小舵把子，干打家劫舍捉肥羊的生涯已多日了。

三年后，这煤矿工人带领了约两千穷人，又在一种十分敏捷的手段下，占领了那个辰溪的小山城。防军受了相当损失，把其余部队集中在对河产煤区，准备反攻。一切船只不是逃往下游便是被防军扣留，河面一无所有，异常安静。上下行商船一律停顿到上下三五十里码头上，最美观的木筏也不能在河面见着了。煤矿全停顿了，烧石灰人也逃走了。白日里静悄悄的，只间或还可听到一两声哨兵放冷枪声音。每日黄昏里及天明前后，两方面都担心敌人渡河袭击，便各在河边燃了大大的火堆，且把机关枪毕毕剥剥地放了又放。当机关枪如拍簸箕那么反复作响时，一些逃亡在山坳里的平民，以及被约束在一个空油坊里的煤矿工人，便各在沉默里，从枪声方面估计两方的得失。多数人虽明白这战争不出一个月必可结束，落草为寇的仍然逃入深山，驻防的仍然收复了原有防地……

这段文字描述了兵荒马乱时期煤矿工人凄惨的生活景象，但工人如果拿起枪就可以拉人占山为王，这就是造成兵荒马乱的根源。

在沈从文住处旁边有一处专门看押犯人的木栅栏，犯人都交付沈从文几人看管。木栅栏里边的犯人很多都是需要交钱的人，他们只要交够了钱数，马上可以走人。有一天，这里关押了一个英俊和蔼的年轻人，进来时还随身携带了家里的板栗、红薯等土特产。年轻人非常客气地将这些食品分给沈从文几位士兵来吃。这青年犯人还会吹箫，当兵的给他找来一支箫，他马上就吹出了《娘送女》的曲子，此举让本身具有文艺素养的沈从文很痴迷。从年轻人口中得知，他在家里排行老二。这次被抓是有人蓄意陷害：他的祖母在早先曾经许配人家，但后来毁约，结果造成两家成为仇敌。双方打架闹出了人命，仇家趁此机会就诬告这位年轻人。沈从文几人感觉这位年轻人很冤枉，就给长官说情。长官给了面子，让这位年轻人回家准备一百元回来当兵。令大家没有想到的是，这位年轻人回家后第四天就被人绑架杀害了，四肢和头都被砍下。沈从文估计是仇人所为，但也只能伤心。

不久，队伍里一位姓罗的什长偷了武器逃跑了，结果被捉了回来。他向营长保证拿出三支枪换自己的命，营长答应了，就把他留在了军营。这位罗什长让一名伙伴陪着去解手，结果他钻进树林很久也不出来。伙伴开始大喊大叫，营长马上下令让人去捉拿：“老子出三百元赏钱，一定要把这小子捉拿归案。”

兵分几路出发，沈从文也在其中。他感觉这位罗什长带着镣铐，而自己这边人多势众还拿着各种武器，捉住他肯定不是什么难办的事情。但是，沈从文这一路没有找到罗什长，别的小队有了收获，捉住他后第二天就砍了罗什长的脑袋。经过审查，那位罗什长有三名同伙帮助，三名同伙这次也被牵连上了，按照军规必须要砍头。可是，营长不知道为什么忽然萌生了慈悲心肠，将这三个家伙各自打了一顿后关进了大牢，草草了事。

部队在榆树湾驻防时，沈从文遇到了堂兄沈万林。沈万林比沈从文大七岁，在军队还是一名少尉军官，所以沈从文在这里得到了这位堂兄的照顾。每天早起，堂兄都要唤醒正在熟睡的沈从文：“兄弟，号声响了。快起!”

当兵的除了抓人、出操，别的无事可干，沈从文就抽时间练习写字，堂兄就在一旁鼓励指导。堂兄也是一位书法爱好者，沈从文从这位堂兄那里了解了很多之前不知道的书法家，书法也大有长进。不过，沈从文内心还有一个愿望，那就是堂兄身上穿的那一套少尉军服。旧式军队官兵地位相差很大，士兵犯了军规军纪就要挨打。平时无论在哪里，士兵只要见了军官必须敬礼。有些刚刚荣升的底层军官见到士兵给自己敬礼还会客气地回敬，而那些职位稍微高一点儿的老军官每次看到有士兵给自己敬礼时，只不过随意挥挥手就算完事，有时候看都不看一眼。

了解沈从文心思的堂兄沈万林总是说：“小军官，没什么值得眼红的。你只要好好练字，将来肯定会成为名家的。到时候名利双收!”

沈从文感觉堂兄说得在理，自己又没有其他的事做，于是就努力练习书法。这样一来，沈从文就和身边一般的士兵有了区别。那些士兵都在赌钱、酣睡……沈从文就坐在一旁专心练习书法。这样的情景让上级看到了，沈从文很快就被提拔成为司书。

沈从文新上任时免不了被一些书记官瞧不起，此刻沈万林就会在一旁鼓励沈从文：“兄弟，受点儿委屈不算什么，一定要学会忍耐。”

沈从文和这位堂兄相处一年多之后，沈万林有一天告诉沈从文说自己要押送一批军饷回凤凰城，还准备用自己的薪水给母亲换金戒指，给妻子做金耳环。沈从文托堂兄带回家一些衣物，还有自己临摹的一些大字。令沈从文没有想到的是，和沈万林一同出发的几个军官为了私仇在途中发生了火并，沈从文的堂兄沈万林命丧旅途。

当时，沈从文正趴在桌子上写公函，译电员和一位姓文的秘书在下棋。一个传事兵忽然进来交给译电员一份电报，译电员接过一看就脸色大变："他们完了……"沈从文赶紧上前查看，了解到是与堂兄同行的军官私通土匪，土匪在路上图报私仇设伏，堂兄沈万林遇难。沈从文非常伤心，他跑到副司令面前大哭，请求缉拿凶手为堂兄报仇。就这样，颇有长者之风的堂兄沈万林最终留在了沈从文的记忆中。

这段时期，湘西联合政府内部正在发生剧烈变化，田应诏带领的第一军实力大减，很难和张学济的第二军匹敌。于是，田应诏就将军队交付于手下的团长陈渠珍的手上，自己回了凤凰城。陈渠珍接手第一军之后开始奋发图强，很快让第一军实力大增，而张学济的第二军面临各种困难，不得不在 1919 年底开始向沅陵一带换防，期待喘息的机会。

沈从文所属部队居住在市镇里唯一的大建筑——杨姓祠堂里，附近有一官家药铺，里面放满了膏药和蜈蚣、蝎子之类的中药。沈从文很快发现，这间药铺门前总会站一个身穿马褂、留小胡子的人，他每每看到清乡的队伍经过都要非常和气地招呼："副爷，里面请，膏药全部奉送，分文不取……"

沈从文后来才明白士兵为什么都往身上贴膏药了，原来都是不要钱的。足见清乡队伍的蛮横，即便是官商照样要畏惧三分。

部队居住的祠堂对面也有很多的铺子，它们卖豆腐、粉条、点心……还有一个烟馆。这烟馆铺子现在看不到了，可在当时很盛行，是专门让人去抽大烟的。让沈从文记忆犹新的是，里边时常端坐一位40来岁的脸上擦粉的女人，并且打扮很时髦。这位女人看到士兵经过都要面向里边，以此表示自己的正派。当看到军官或者穿长衫的人进来，那女人马上就会满面堆笑。沈从文和士兵经过总要看到这个女人的背影，而和营副从那里经过就可以看到那女人的笑脸了。

沈从文在自传里这样描述这段经历：注意到这些时，始终没有丑恶的感觉，只觉得这是“人”的事情。我一生活下来，太熟悉这些“人”的事情了。

沈从文这样评论这件事，其实是说人在那种环境下生活必须要具备“势利眼”，这是人生活生存的必备法则。沈从文在凤凰城逃学期间不理解这种事情，如今出外谋生了，便理解这位女人的做法了。在一种特殊环境下为了生存而“势利眼”是无奈之举。

这段时期，沈从文通过一道菜在军官面前大显身手了：炖狗肉。

“哎，那个小师爷的狗肉炖得不错，什么时间再尝尝啊？”

沈从文很乖巧，马上跑出去买狗肉，然后在附近找到一个炉子烧一烧狗皮，洗干净后剁成小块，放进锅内，加上各种作料，下一步就开始烧火开炖，一直将狗肉炖烂。沈从文每次将狗肉端上桌去总是说：“来来，各位长官，看看今天的味道怎么样？”

军官里面有的人文化水平很高，还有的人去日本留过学，但提起吃狗肉都大言不惭：“小师爷，今天不会再请我们吃狗肉了吧？那我们就太不好意思了。”

沈从文很明白其中的意思，马上就跑出去开始忙活。他名义上是司书，其实还兼职厨子。

很多年之后的抗战期间，沈从文已经从一名旧式军人变成中国文坛上的巨星。有一次，闻一多带领临时大学师生向昆明转移，路过沅陵。当时天气很坏，暴风雨后又下起雪来，还夹着冰雹，他们无法行走，只好住下。沈从文与老友相会在穷乡僻壤，当年在沅陵做军人时炖狗肉的情景在沈从文脑海中再次映现出来，他就请闻一多吃狗肉。闻一多高兴得不得了，直呼“好吃！好吃！”一条毯子围住双腿，大家吃酒暖身，不亦乐乎。从这个小细节可以看出，沈从文在炖狗肉方面的确有诀窍。

沈从文本来爱好很广泛，并且热爱生活，因此对这些也满不在乎。这么一来，沈从文就和这些高级将领混熟了。他们一起到乡绅家里做客，除了喝酒吃肉外，这伙人居然还去山间闲逛，用竹管做竖笛：在短短的竹管上钻出四个小眼，另一端放竹膜哨。就这样，一支简易竖笛就做成了，还能吹出很多乐曲。这些乐曲后来飘到了一位姓杨的参谋耳朵里，杨参谋迷上了这种乐器，没事就坐在楼梯旁边吹。

沈从文还和这些军官拿着火炬、镰刀或者鸡笼到小河里去逮鱼，还到山上挖设陷阱捕捉野味……总之，沈从文似乎又回到孩童时代的凤凰城，他在校园外的顽劣性格很快在这里得到了展现。

沈从文依然喜欢四处游荡，他很快有了新的发现：这里居然有一家炼铁厂。这个炼铁厂对沈从文来说很新鲜，于是，沈从文有机会就到那里去看，了解炼铁的程序，学习怎样将黄褐色的铁矿石冶炼成生铁板。沈从文有时候就帮助工人去拉风箱，然后亲眼看熔化的铁水从缺口流出凝结成铁块。

沈从文非常喜欢炼铁厂的一位麻子主任，喜欢他坐在铁条堆上面的样子：麻子主任一边扯着嗓门高声唱《孟姜女哭长城》，一边指挥身边的小徒弟做工，要不就和徒弟们一起抡大锤。不做工时，麻子主任就和几个徒弟围着一锅狗肉喝酒，随便谈笑，非常随意。时间到了11月，可麻子主任乘着酒兴说到了“男子汉气魄”上，他居然放下酒碗大声说：“是好汉的话，现在就跟着我一起下河游泳去。”

内心充满羡慕的沈从文有一次也加入他们的队伍中，擅长水性的他还做了“好汉”：在11月的河水中游泳面不改色。此举让麻子师徒大为惊讶，他们怎么也想不到，这位军队里文质彬彬的小师爷居然有如此本领。

第五节　文　秘　书

沈从文后来尽管成了文学大师，可他从上学一直到参军这段时间基本上都在社会上混迹，这就造成了他说话的粗野，尤其对于一些下流话和土匪黑话非常精通，张口就能说出来。

“狗日的杂种，滚蛋！”

“妈的！给老子重复一遍！”

诸如此类的话语，沈从文在从事写作之前都非常熟悉，朗朗上口，在军队里自然也不例外。然而，在这次参加清乡行动中，沈从文遇到了一位文人雅客：文颐真秘书。

文秘书个子不高，白净的手脸，身穿青缎马褂，说话轻声细气，为人非常客气。他是湘西泸溪人，是司令部的秘书官。作为司书的沈从文，自然少不了和文秘书打交道。就这样，沈从文经常说粗野话语的毛病很快就被文秘书发现了。

“哎呀，小师爷，你岁数不大，怎么一说话就将老子带嘴边?”

沈从文在军队已经习以为常，俨然一副不屑一顾的样子：“老子没想那么多！这是老子的自由。”

平时，沈从文说这样的话时总是脸不变色心不跳，可此时面对文秘书那副谦恭的样子，他也感觉不好意思了：“我是无意的，没有伤害人的意思。”

文秘书一本正经地说：“还是不要学这个吧。我发现你非常聪明，应该追求上进的。世界上有很多好东西等着你去学。”

沈从文依然难改粗野的口语：“你给老子讲一讲，老子感觉哪样好就学习哪一样吧。”

在为人谦和的文秘书面前，沈从文第一次感觉到“文明”一词的含义，说“老子”时不知不觉声音低了很多。或许是天生聪慧的沈从文身上的确具有文人特质，沈从文很快和这位文秘书成了要好的朋友。

文秘书见多识广，沈从文从他嘴里第一次了解到了火车声音，轮船声音，电灯电话，英美两国士兵都穿什么军服，鱼雷艇是什么东西……沈从文感觉世界上神奇的东西太多了，第一次感觉到自己的孤陋寡闻。此前，沈从文知道的，无非是野猪和山羊踪迹的区别，小商铺都怎么做生意，游泳有几种形式，杀人的操作程序……二人各自了解的知识领域有很大的互补空间，两人自然就感觉非常投缘。

在一个天晴的日子，沈从文帮助文秘书一起清理他的东西时，意外看到了两本非常厚的书，而且字还特别小。沈从文一下子呆住了：这样的书是做什么的？文秘书看到后就解释说：“小兄弟，这可是宝贝，世界上什么东西都写在里面。你要问什么问题，里边都有答案，非常清楚。”

文秘书的话让沈从文对那两本书更加好奇了。沈从文用手轻轻地抚摸着书上的鎏金字，轻声读：“词源。”

“对。小师爷，里边什么都有。要不，你说一个问题，我马上就可以从里边翻出来。”

沈从文抬眼看到戏楼下有诸葛亮三气周瑜的木刻浮雕，于是随后就问：“那就说一说诸葛亮吧。”

文秘书接过《词源》，很快翻到了诸葛亮的那一页。这一下，沈从文震惊了，开始不停地翻看那本书。文秘书担心沈从文弄脏了书，就让他洗手去。沈从文马上跑到楼下洗了手，然后再次拿起那本书翻了很久。

文秘书发现沈从文很喜欢读书，就问：“小师爷，你看过报纸吗?”

“老子从来不看报。”

文秘书迅速从《词源》上查找出“老子”的意思，这下沈从文不好意思了。接下来，他们二人又联系了一位老文书，三人联合订阅了一份《申报》。这是沈从文有生以来第一次放眼看世界，开始了解湘西之外的事情。

文秘书让沈从文大开眼界。尽管二人关系很好，但文秘书依然不同意沈从文经常翻看他的宝贝书籍。文秘书经常把宝贝书籍保存在箱子里，沈从文充其量只能看文秘书的一些其他书籍。文秘书的这种习惯，恰恰更加刺激了沈从文的看书欲望，以至于沈从文时常在梦中看到那本书，在梦中去搜寻日常生活中没有见过的话题：氢气是什么东西？参议院是做什么的？《淮南子》里边写的是什么……

或许，正是这位文秘书的文人气息增加了沈从文对知识的求知欲，让他认识了书在人间的重要性，进而使他在后来的生活中逐渐向文人生活靠拢，最终成为一代文学大师。沈从文在自传里，专门开辟了一小节描述和这位文秘书的交往，足见文秘书在沈从文心目中的位置。

沈从文所属部队来这里名义上是执行清乡任务，实际上是就地解决后勤问题。当时的湘西，各个军队都在想办法扩充地盘，靖国联军第二军实力不俗，但队伍人员混杂，部队逐渐在财物方面出现困难。负责清乡的队伍除了杀人之外在其他方面没有建树，军纪涣散，在防区难以站稳脚跟，很快退回了沅陵。

部队的防区有了变化，沈从文的职责没多大变化。上级让他跟随20多位老弱士兵留在后方留守处。沈从文的任务是三天撰写一份报告，月底造留守处的后勤册表。沈从文此间抽机会为自己的母亲做了点儿礼物：将池塘里的蛤蟆加香料剥皮熏干，除去下酒部分后托人捎回了凤凰城。

沈从文在沅陵四下里转的时候，发现人们对军人充满了畏惧感，此时他就感觉自己是读书人，想到文秘书和那本《词源》。沈从文无事可做，就发奋开始练起小楷字体来，非常下功夫。

沈从文在沅陵后方留守处待了不长时间，他所属部队的司令部和主力部队在川边战事不利退回到了湖南，后来部队被打散了，很多军官被杀。这样一来，留守处已经没有存在的意义了，只好各自领了遣散费回家。

沈从文在《从文自传》里再没有提到文秘书。后来他听说，文秘书在鄂西的一次军事冲突中遭到杀害。沈从文和文秘书交往时间不长，但文秘书给沈从文的印象非常深刻，尤其是在文人情缘方面，他第一次让满口粗话的沈从文感觉到文明语言的好处。后来，沈从文搞文学创作、在大学教书，言辞和在湘西当兵时的语言有了翻天覆地的变化，这其中肯定有文秘书的作用。

第四章　曾经的军旅生涯（下）

第一节　插　　曲

沈从文从沅陵回到家中待了一段时间，随后又去了沅州。沈从文已经有了在外谋生的经验，感觉待在家里没有出路。军营的生活让沈从文儿时的顽劣性格发展到了另一个高度，那就是他要到家乡之外的世界去闯荡。

沈从文第二次离家时天正在下雪，有了御寒经验的他就用衣物包裹了双脚，然后跟随一位中学教师的舅母出发了。这样一来，脚是保住了，但因山路很窄，沈从文有几次都滑到了雪坑里，需要脚夫用扁担把他拉上来。四天之后，沈从文来到了芷江，暂住在曾经当过县长，现在正担任警察所长的舅舅家。在亲戚帮助下，沈从文在警察所做了一个办事员，任务是每天抄写警察处罚老百姓的条子。

沈从文有时候要陪同一个巡警到牢狱去点犯人的名字，这里都是一些小偷小摸之类的轻犯。后来，警察署扩大了业务范围，将屠宰税查收权接收了过来。本地是一个大码头，属于官路，每天的屠宰量大约是 20 头猪和一两头牛。每头牛要征收两千文钱，一头猪是 640 文，沈从文的业务是填写税单，派人或者自己到县城的各个屠宰点查看，以免出现偷税漏税的情况。本来热衷于四处跑动看事的沈从文为此感觉非常高兴，他可以借此机会浏览一条当地非常著名的大街，还能到各种铺子去逛逛。沈从文发现，自己无论到哪里，那里的人都会给自己打招呼，原因是这些生意人有事都需要警察所帮忙。沈从文当时的薪水一个月 12 千文，聪明的他将职务范围内的事情办得井井有条。

沈从文在本地有一门家势显赫的亲戚，就是曾经做过民国总理的熊希龄的七弟熊捷三。熊捷三也曾做过国会议员，他妻子就是沈从文母亲的妹妹。熊捷三在当地权势很大，附近的乡绅都非常尊敬他。据说，土匪如果绑架了熊捷三，需要 50 支枪才能赎回，足见其身份的不一般。沈从文有过一段时间练习小楷字体的经历，因此毛笔字写得不错，得到了熊捷三的称赞。这位非同凡响的亲戚对沈从文非常器重。令沈从文感到惊奇的是，沈从文的舅舅和熊捷三都会作诗，而作好的诗就让沈从文抄写。当时，沈从文的这两位亲戚恐怕不会想到，眼前给自己抄写作品的孩子，后来居然成为中国一代文学大师。

熊捷三家里的摆设不同寻常，三进三间的大庭院，屋里陈列了民国时期很多著名人物的东西：赵秉钧手书的屏条，黎元洪的五言寿联，章太炎、谭祖庵的寿诗……沈从文逐渐有机会接触到熊捷三家的藏书：《古今说部丛书》《冰雪因缘》《滑稽外史》《贼史》……沈从文非常喜欢这些书，感觉里边说的事情正是自己需要的。沈从文在自传里这样描述当时对这几本书的评价：

我不愿问价钱多少来为百物做一个好坏批评，却愿意考查它在我官觉上使我愉快不愉快的分量。我永远不厌倦的是“看”一切。宇宙万物在运动中，在静止中，在我印象里，我都能抓住它的最美丽与最调和的风度……接近人生时，我永远是个艺术家……

从沈从文感觉上说，他已经和“书”产生了共鸣，文人艺术家的思想情感在书中寻找到了源头，沈从文似乎感觉到，那才是自己努力的方向。

情况的发展往往不以人的意志为转移。此刻，沈从文的家境面临一次巨大的变化。为了偿还债务，沈从文母亲被迫将家中房屋出售，却又羞于在当地租住房屋。沈从文这边事业做得不错，加之又有亲戚的帮助，于是一家人都来到了沅州。因此，沈从文母亲感觉一家人的转机要到了。

按照沈从文当时在沅州的发展趋势，几年之后他成为当地的乡绅应该不成问题，原因是熊捷三看中了沈从文的人品和能力，想和沈从文联姻。然而，此时的局势再次出现变化，沈从文做警察所长的舅舅得肺病去世了。这样一来，一个新的团防局接手了当地捐税保管业务。沈从文换了新的岗位：做新机关的收税员，业务是每天早上把税票填好，随后在10点后到各处去查看一下。

沈从文到团防局结识了十来个绅士，从他们身上学会了刻图章、写草书，还写一些古体诗。沈从文的月薪已经达到16千文，这样的收入在当地不低。加上沈从文喜好舞文弄墨，因此，在很多人眼中，沈从文属于有前途的孩子。

当时，沈从文已经 17 岁了，正处于情窦初开的年龄。此时，一位高个子白净的女孩走进了他的视线，打乱了沈从文的心绪。那是一次偶遇，一位非常懂事而白皮肤的年轻人进入了沈从文的世界。他叫马泽准，是当地著名大户人家的私生子。沈从文和马泽准熟识之后，马泽准有一天请沈从文到家中去见自己的姐姐。这件事情非常清楚，人家相中了他。

“我姐姐希望见到你。”

沈从文感觉非常惊讶：“你姐姐怎么知道我？”

马泽准非常肯定地说：“沈家少爷，芷江人都知道你聪明能干，我姐姐早就知道你了。”

就这样，沈从文跟着马泽准走了一趟，之后脑海里就不断出现那个白净高个子的女孩。尽管当时人们还不曾了解“爱情”一词的真正含义，但当时的沈从文的确已经堕入情网。

当时，沈从文的亲戚了解到这件事后，都劝沈从文不要犯傻。还有，和沈从文在一起经常作诗的一位乡绅向沈从文的亲戚示意，愿意得到沈从文这样的女婿。熊捷三将沈从文叫了过去，接下来，令沈从文吃惊的一幕出现了：四个漂亮女孩子出现在沈从文面前，亲戚要求沈从文当着母亲的面做出选择。

这四个女孩中，其中就有沈从文的表妹，还有那位乡绅的女儿，她们都很美丽而且端庄，都属于沈从文梦中的女神形象。但是晚了，那个白净高个子的女孩已经占据了沈从文的心。

“不行。我有自己的计划，准备按照自己的计划走下去。我不能做你们的女婿。”

沈从文母亲了解自己的儿子，她除了微笑毫无办法。沈从文的亲戚只好说：“那好。都是命运的安排，这也不是能够勉强的事。”

此事过去一个月之后，县城周围起了一次战火：800 土匪包围了县城，还在城外不断放火。城内 400 左右的驻军和 100 多团丁在城墙抵抗。枪声不断、杀声震天，流弹在夜空中飞来飞去。四天之后，城外的援军赶到，城内才恢复平静。

这次战火并没有扰乱沈从文对高个子白脸姑娘的印象，他依然对初恋意乱情迷。从沈从文当时的表现来看，有文化、懂得交往，所有这一切跟他本人的经历有直接关系。沈从文聪明但并不死读书，而是喜欢校园外的大千世界，加之在军队上混迹了两年，他已经具备了一定的社会交往能力，和一心在学校完成学业后来到社会上的学子有着显著的不同。因此，年轻的沈从文能得到这么多人的青睐，跟他丰富的社会阅历是分不开的。

此刻的沈从文已经被那个高个子白净的女孩吸引，完全坠入情网，其他事情都没在心中。他已经把那姐弟俩当作了亲戚，另外还没日没夜为那个白净女孩写情诗。因为马泽准对沈从文说，他姐姐非常喜欢沈从文的诗歌。

接下来发生的事情让感觉自我社会知识颇丰的沈从文难以招架：马泽准忽然间开始找沈从文借钱，而且第二天就还上；可后来又开始借钱，不几天又还上了。如是几次，沈从文手上的钱出现了 1000 多元的漏洞。加之母亲最近将家中的余款（卖掉凤凰城老宅院得到的 3000 元）交给沈从文保管，所以此举让沈从文感觉到了不妙。而此时，马泽准也不再找沈从文为他姐姐要情诗了：姐弟俩失踪了。

沈从文不是失恋了。拿现代人的话说，是被人欺骗了感情。

沈从文绝对有社会经验，但是他没有谈情说爱的经历，因此吃了亏。想一想前段时间自己面对四位大美女时的决策，让聪明一世糊涂一时的沈从文感觉无地自容，感觉无法在这个圈子里再待下去了，只能另寻他处。

沈从文当时很想寻找个没人认识自己的地方，好使自己忘掉那段愚蠢的经历。沈从文想去北京，结果到了常德就留了下来，原因是他在这里遇到表哥黄玉书。二人开始在旅馆里打发时间，实在无聊难受时就像在军队时一样，到一条河边去闲逛，去四处观看自己不曾看过或者了解的东西。然而，在这个“平安”小客栈里，表兄弟俩并不太平。由于没有收入来源，他们生活很窘迫，欠账越积越多，住宿房间也被移来移去，最后被迁到只有两片明瓦作天窗的贮物间。在这样的环境里，两人支撑了五个月。他们唯一的生活来源是黄玉书在北京的父亲黄镜铭的接济，但有时候也会接济不上。

这样一来，兄弟二人在旅店账面上始终欠账，而且越积越多，店里的人对他们二人也越来越冷淡。不过，旧式客店有不成文的规定，只要客人没有出言不逊，店家是不可以撵客人走的。因此，兄弟俩吃饭时，老板只能在一旁冷言相讥：“花销太大，下面烟酒门面赚的钱，都全贴到客店里了。”

发现两个小兄弟无动于衷，老板就让老厨师在晚饭后拿着账本来找他们。黄玉书此时就装扮成见过世面的老江湖，拿过账本看看账目随后就一把推开：“这几个钱算什么啊！老板是个豪杰，居然这样小气!”随后扭脸对沈从文说：“兄弟，你亲眼看到的，我催款的急电是发出去了吧？不就是三五天的事嘛……”

店老板有一位白胖的干女儿，有时候借口上楼来，还要在黄玉书面前撒娇做点儿女红，下楼时总要给黄玉书留下一点儿小点心，黄玉书对此毫不客气。黄玉书有时候也对沈从文说：“兄弟，风紧啊。我听人说，巴黎的艺术家在旅店能欠下 20 年的帐，而到了最后干脆做了老板的丈夫或女婿。我们在这里也有结亲的机会，可是……我不愿意。”

沈从文感觉这样下去不是办法，就催促表哥想办法找差事。当时，凤凰人向英生也在常德，他曾经留学日本，思想进步，和贺龙拜过把子，而此时贺龙正带领一个支队在相距不远的桃源县驻扎。兄弟二人就去找向英生写了介绍信去找贺龙。贺龙生性爽快，马上答应给黄玉书一份月薪十三块钱的参谋工作，给沈从文月薪九块钱的差事，而且让这兄弟俩马上从军。但是，此时却出了一件事，让这兄弟俩失去了在贺龙手下当差的机会。

当时，沈从文有位七舅娘（黄玉书的婶娘），此时正在常德城内一所小学担任教师。身为晚辈的表兄弟俩就去看望这位长辈。其间，那所小学的美术教师杨光惠走进了黄玉书的心里。杨光惠师范美术专科毕业，面目秀丽。而黄玉书不仅长得一表人才，而且在美术方面也有一种本领，就是能够用通草片粘贴花鸟草虫类的美工作品。相同的爱好很快让这一对青年男女彼此产生了爱意，在很短时间内就双双坠入爱河。黄玉书隔三岔五就要寻找理由去学校，到学校就要和杨小姐一起弹琴聊天。这种情况下，沈从文就成为帮二人放哨望风的最佳人选。每次看到校长老太太来学校转悠，沈从文就进去轻声说："有情况!"里面的黄玉书和杨光惠马上就会做好一切防范准备，美妙悠扬的音乐声就会从屋内传出来。老太太看到这种情景就会和蔼地说一句："你们弹琴弹得真好！""弹琴"和"谈情"字音相差不大，这就让本来心虚的表哥和杨小姐面红耳赤，他们老是感觉像做错了什么事一样。

回到小旅馆后，黄玉书似乎总是意犹未尽，兴奋的红脸还没消下去，就向沈从文连连鞠躬，要他代笔写封情书，自己却从从容容躺在床上哼曲子，回忆和杨小姐在一起的情景。沈从文写好情书后，往往还要念给表哥听一听。这时候，黄玉书就会伸出大拇指不停地摇着，以此表示感谢和赞许。

沈从文不仅替表哥写情书，还另外要为表哥当信使。沈从文替表哥先后写了30多封情书，并逐一替表哥送到杨小姐手中。杨小姐有一次看完情书对沈从文评价说，黄玉书文笔不错。沈从文回到旅馆马上向表哥做了汇报，表哥听后得意扬扬地仰脸大笑。从这件事可以看出，沈从文当时已经具备了文人的素养，而在替表哥黄玉书写情书的时间内，自然在一定程度上也锻炼了沈从文的文笔。后来，沈从文到北京谋生时还曾经为北大的一些学生代写情书，练就了一手情意绵绵的笔调。沈从文在追求妻子张兆和时，也是发挥自己的特长，用情书对张兆和展开追求，最终让张兆和打开心扉。沈从文成名之后，依然以擅长写情书名冠当时的文坛。

三年后，已经在北平的沈从文了解到，自己曾经为之努力奔波的表哥黄玉书和杨小姐已结婚，并回到家乡凤凰城，夫妻俩一起在县立第一小学做教师。很多年后，沈从文从家乡的来信中了解到，表哥家的大孩子也喜欢艺术，并为此离开家乡到厦门一家亲戚那里去读初中。没有等到初中毕业，这孩子居然无声无息地离开了那里去闯荡社会了。从此与家人失去了联络，后来只知道那孩子在江西某军队文工团做宣传工作。

表哥黄玉书的这个孩子，就是著名画家黄永玉。细细研究一下，黄永玉似乎和沈从文有很多相似之处。二人都愿意到外面去闯荡，最后都成为著名的文艺大家。

当时身在常德的沈从文依然无法从自己感情的阴影中走出来，被人欺骗的滋味在心中难以消散。沈从文无法忘记沅州那段美好的时光和忽然跌落到谷底的经历，他给自己的母亲写信请求原谅。母亲关心的是儿子的身体，依旧勉励沈从文好好做事。

沈从文后来还是了解到自己第一位恋人后来的情况：高个子白净女孩在一条船上被土匪抢走做了压寨夫人，被花钱赎出来之后她就和一位黔军团长结了婚。但好景不长，那位黔军团长很快又被枪毙了，于是这高个子白净女孩就出家了。

第二节　去保靖做司书

沈从文留在常德还有另外一个原因：在上游 90 里的桃源县有一个清乡指挥部，军队正是沈从文当年靖国联军第一军的一部。尽管指挥官是贵州人，但许多高级将领都是凤凰人。何健是骑兵团长，直属于省政府；贺龙是支队司令，归清乡指挥部管理。

沈从文刚刚到达桃源县时，他的一个表弟聂清正好刚从上面下来做译电工作，二人就暂时住到一起。闲着没事的时候，聂清就领着表哥沈从文四处转一转。令沈从文感到吃惊的是，仅仅两年时间，原来的清乡部队已经焕然一新，从军风军纪到武器装备都有了明显的变化。尤其是指挥官，尽管他是行伍出身，但温文尔雅且纪律严明。沈从文当时非常想在那支军队谋个差事，但始终找不到机会。

这样一来，沈从文面临的问题就棘手了。桃源的差事确定不了，可他已经在小旅馆待了四个月了，花销不大但经不住时间长，而且每天吃饭总要面对老板。沈从文打心眼儿里不愿意在小旅馆当伙计。这时候，一只押运军装的船路过这里，押送人是沈从文哥哥的朋友，此前他们彼此认识。沈从文感觉脱身的机会来了，就让教书的七舅娘作保，马马虎虎了结了小旅馆的事情之后，沈从文终于上了船。

押送军装的朋友叫曾芹轩，年龄不过25岁，念书不多，但具备军人的果敢作风。此人一张口让人颇为吃惊：如此年轻的他居然赏玩过40多名黄花大姑娘了。曾姓朋友说起这种经历时非常风趣，娓娓道来，让沈从文大开眼界。沈从文在《从文自传》里这样描述当时的情景：我到后来写过许多小说，描写到某种不为人所齿及的年轻女子的轮廓，不至于失去她当然的点线，说得对，说得准确，就多数得力于这个朋友的叙述……沈从文后来写小说《湘行散记》里有一篇《一个戴水獭皮帽子的朋友》，就是以此人为原型创作的。沈从文这样描写：

……他也可以说是一个“渔人”，因为他的头上，戴的是一顶价值四十八元的水獭皮帽子，这顶帽子经过沿路地方时，却很能引起一些年青娘儿们注意的。这老友是武陵地域中心春申君墓旁杰云旅馆的主人。常德、河洑、周溪、桃源，沿河近百里路以内“吃四方饭”的标致娘儿们，他都特别熟习；许多娘儿们也就特别熟习他那顶水獭皮帽子。但照他自己说，使他迷路的那点年龄也已过去了，如今一切已满不在乎，白脸长眉毛的女孩子再不使他心跳，水獭皮帽子，也并不需要娘儿们眼睛放光了……

……还有那向湘西上行过川黔考察方言歌谣的先生们，到武陵时最好就是到这个旅馆来下榻。我还不曾遇见过什么学者，比这个朋友更能明白中国格言谚语的用处。他说话全是活的，即便是诨话野话，也莫不各有出处，言之成章。而且妙趣百出，庄谐杂陈。他那言语比喻丰富处，真像是大河流水，永无穷尽。在那旅馆中住下，一面听他詈骂用人，一面使我就想起在北京城圈里编国语大辞典的诸先生，为一句话一个字的用处，把《水浒》《金瓶梅》《红楼梦》以及其他所有元明清杂剧小说翻来翻去，剪破了多少书籍！若果他们能够来到这旅馆里，故意在天井中撒一泡尿，或装作无心的样子，把些瓜果皮壳脏东西从窗口随意抛出去，或索性当着这旅馆老板面前，作点不守规矩缺少理性的行为。好，等着你就听听那做老板的骂出稀奇古怪字眼儿，你会觉得原来这里还搁下了一本活生生大辞典！倘若有个社会经济调查团，想从湘西弄到点材料，这旅馆也是最好下榻的处所。因为辰河沿岸码头的税收、烟价、妓女，以及桐油、朱砂的出处行价，各个码头上管事的头目姓名脾气，他知道的也似乎比县衙门里“包打听”还更清楚。——他事情懂得多哩！

……

曾芹轩对沈从文后来的文学创作起到了一定的作用，因为曾芹轩满口的粗野脏话，有时候要比《红楼梦》《金瓶梅》里面的还要丰富。沈从文后来作品中出现的妓女的形象，很多都来自曾芹轩之口。不仅如此，曾芹轩还能从河边的景致里找出很多故事。比如他们看到有一条长长的铁链，这曾芹轩就说：原来这里有一位漂亮的年轻寡妇看中了庙里的一个和尚，可和尚心冷似铁没有还俗的意思，寡妇就每天以烧香为理由到庙里去。儿子看到后，为了母亲的安全起见就在路上设置了铁链。还有，青浪滩空中乱飞的乌鸦，传说是汉代将军马援接船送船的神兵。遇到有船下行，乌鸦群就会在上空飞舞，船客必须要赠送食物。据说，任何人不能杀害乌鸦，杀一只要赔偿一只形状相等的银乌鸦……

船在行进，可沈从文眼下面临的最大困难已经显现：在行程刚刚走完八分之一时，沈从文和表弟身上所有的钱都花光了。尽管他们表面上谈笑自如，可到吃饭时都要吃辣得最厉害的辣椒下饭。从常德到沅陵总共走了 18 天，到达沅陵那天正好是正月初一旧历新年。三人上岸，不停转看各家各户的春联。路过一家屠户店铺时，沈从文想起这个屠户原来当过兵，生性好强，武功非常了得，非一般人可比。沈从文正在给两位伙伴讲述，没想到脚下“啪”的响了一声，三人这才发现是一个爆竹炸了。曾芹轩将周围环视一遍，随后拉沈从文兄弟二人在一旁停了下来。这时，他们发现有两个生意人从屠户家中走了出来，忽然从屠户楼上飞下来一个爆竹，随后在两个生意人脚下炸响了。

这下三人明白了：这屠户是故意在吓唬人。曾芹轩气狠狠地说："杂种故意吓唬人，我们还是给他拜年去吧。"

没等沈从文兄弟反应过来，曾芹轩已经来到了屠户门前。他抬手就拍打大门："老板，老板，拜年了……"很快有人下楼来开门。曾芹轩看到开门的正是那个屠户，马上举起拳头向屠户面门打了过去，随后就是一顿大骂："狗日的，爆竹扔到老子头上，你安的什么心？老子打你是应该的。有能耐到河边船上去找我，老子是你祖宗！"

三人回到船上做好了迎战的准备，但那个会武功的屠户并没有追上来。

第二天，再次启程，接下来的行程比较凶险，水流湍急。结果，大船走到三门滩的时候，船头不小心撞上了大石头。沈从文三人马上出来看，发现缆绳已经断了，船的左半舷也烂了，失去方向的大船已经像一匹脱缰的野马向下游奔去。三人有些发慌，但两位船夫还在努力靠岸。大船漂流了三里多远，终于在一处浅滩上停了下来。

大家都非常狼狈，只好想办法在这里过夜。为了预防野兽的袭击，大家特意在身边点燃了两堆火。

来到保靖后，沈从文临时居住在另一个表弟的住处，慢慢寻找差事，寻找机会到部队上去找原先的朋友和熟人蹭吃蹭喝。这些人似乎都有人生前进的目标，都在读书或者练习队列。很多的高级将领都在吃粗饭、过简朴日子，做起事来都以身作则，和此前的旧军队截然两样。

沈从文在军队上的熟人尽管不少，但地位高的人不多，因此帮他寻找差事困难很大。沈从文当时很想到某军官身边去做勤护兵。因此，很多熟人就七凑八凑将沈从文打扮成一名中规中矩的士兵，然后让沈从文表弟领着他到军法处、参谋处、秘书处去拜见办事员，想让人家给个差事。尽管人家都表示愿意想办法，但最终还是没有结果。沈从文后来这样分析原因：一是当时的军官都愿意让乡下人或者苗人当勤护兵，因为这些人比较勤快；二是这些军官都认识沈从文的父亲，不忍心让沈从文做自己的勤护兵。这么一来，沈从文就闲置了半年的时间。

半年的闲置让沈从文思想变化很大，让他感受到了人生的真正友谊，让他领会了应该怎么度过人生的无聊寂寞时刻，让他理解了理想和现实的差距，了解了生活的另一个冰冷角落。对沈从文来说，时下生活是遇到了挫折，但必须想办法渡过难关。有一次，沈从文因为芝麻点儿小事情和表弟吵架了，半夜里就走了出来到养马的屋里睡了一夜。第二天又和表弟和好了，二人居然还笑着扭打了一顿。表弟纯洁而率真的性格，给沈从文留下了深刻印象。

当时，陈渠珍在保靖城外河边创办了一所中学，集中了周围 13 个县的优秀学生来这里学习。那些学生到了课间就到操场来踢球，吸引了不少年轻的士兵也加入这项运动中。沈从文一时找不到差事，也会跟着他们在操场上乱跑一气。有时候将球踢到了铁丝网外边，学生们担心违反纪律不敢出来拿，沈从文就担负起这个任务。这样一来，沈从文就和一些学生熟悉了起来。

沈从文很快了解到这所学校里有三个老乡学生，其中一个叫印鉴远的给沈从文留下了深刻印象。印鉴远是近视眼，分不清牛粪和球，有时候会将牛粪当成球来踢。他非常痴迷相术，感觉自己的鼻子长得不一般："不要说我瞎，我不是一个凡人。你们走着瞧，相面的半仙说我的鼻子是一条龙，我将来跟赵匡胤一样，要黄袍加身的。"

有一次，沈从文和印鉴远过河去野猪岭看乡下人新捕获的猎豹，可两个人都没有钱。当船要靠岸的时候，印鉴远就对船夫说："船家，知道伍子胥落难的故事吗？"

"知道。"

"那就好。请你记住我的鼻子就行了。"印鉴远用手指一指自己的鼻子，船夫马上明白什么意思了："不带钱不打紧，你也要记住我的鼻子啊。"

沈从文在保靖东游西转，有时也颇感无聊。由于沈从文和表弟一起居住在军队的书记处，时间一长，沈从文就和书记处的人员熟悉了。书记处有时候很忙，擅长写字的沈从文就毫不客气地给书记处帮忙。

沈从文的机会终于来了，戎马生涯终于再次向沈从文敞开了大门。有一次，沈从文到书记处闲玩，随手为他们帮忙，写一些不很重要的训示和告示，这正好被一位姓熊的高级参谋看到了，就询问沈从文的身份。沈从文以为要被责罚了，就如实说自己是白身。

书记官乘机告诉熊参谋说，沈从文这段时间给书记处帮忙很多。就这样，沈从文的司书工作定了下来。很快，沈从文的聪明才智和秀丽的书写笔迹在书记处展现了出来，或许是天生有文人素质的缘故，书记处其他人在文字方面的敏感都难于和沈从文匹敌。沈从文的毛笔字不断在同事中得到赞誉。

"兄弟，你的字写得太好了，写这份公文书非你莫属啊……"

“兄弟，你真是一支好笔杆子！”

这样的话更加激起沈从文对王羲之的崇拜：五个月的时间内，沈从文居然买了17元的字帖，他一有空闲时间就练习书法。

少年时代的顽劣导致沈从文不被家人看好，而到了接近成人年龄后沈从文开始了孜孜不倦地学习。他有时候能够连续在书桌前坐八个小时之久，依然不知道疲倦。很难想象，上学时有名的逃学大王，如今对学习如此上心。沈从文在书记处出色的表现很快得到上级的首肯，他被调到参谋处去任职。

原先的书记处设在彭姓上司的一个姨太太的绣楼上，四个书记官每天都要书写很多的公文，有时候忙不过来还要请人帮忙。如果碰到发饷的日子，一定要想办法找点儿狗肉炖一炖来吃。没有钱的情况下，每人拿一木棒到附近山坡上去玩耍。那个山坡上时常会增添一些小坟头。从外观分析，这些死掉的人不会是成人，因为是“小坟头”。是什么原因导致每天出现未成年人死掉呢？按照当时的社会环境来分析，无非出于经济状况。

那个山坡因为有“小尸首”不断埋葬，所以有很多野狼在那里出没。因此，他们去那个山坡总要拿木棒防身。野狼胆子很大，总要和人对视，它就那么冷冷地看着你，一直到你拿起家伙要打，野狼才会逃走。

半夜的时候，周围经常有狼嚎的声音传来，站岗的士兵不能随便开枪。这样一来导致野狼的胆子更大，有时候它们会大摇大摆地来兵营串门。面对哨兵的刺刀，野狼无所畏惧，它们似乎心里清楚在奔跑方面人类根本不是自己的对手。

沈从文没事可做的时候，就来到街面上闲逛，看码头、看商铺、看生意人……有时候为了搜寻一种草药，沈从文就和同事花半天时间去翻山越岭。

沈从文已经在军队上做过几年事，对生死有了较深的了解。每一次战事对军队上每个人都是机会，或许会死或许会生，但人生必须还要充满快乐。当时，有些军官的梦想就是通过军事行动发财娶媳妇，但沈从文没有这种想法。他当时六块大洋的薪水，吃饭用去两块，剩下的四块都是用来混朋友，想让上司认识自己。沈从文已经认识到自己的优点，他感觉这些优点需要有人开发、培养和利用。

10 个月后，军队有调动。沈从文所属部队要到川东去。消息证实后，参谋处有一位姓满的老乡问沈从文："军队到四川后，需要一位文件收发员。你愿意干吗？一个月九块大洋。"

沈从文上次在清乡队伍里做司书，因为没有去四川而捡了一条命。这次带部队去川东的张司令正好是两年前在桃源令沈从文羡慕的文雅军官，而贺龙是这支部队的警卫团长。

沈从文非常痴迷巫峡，他听朋友说过巫峡的险要，心里非常向往，想有朝一日去看个究竟。当时，沈从文所属部队的防区在距离巫峡不远的地方，于是沈从文就开始向这个方向努力了。

沈从文答应了那位老乡去做文件收发员，三天之后跟着一行人上路了。临行前沈从文到军需处领了九块钱的薪水，然后带了自己的衣物和平时积攒下来的几本书：《宋拓云麾碑》《大唐三藏圣教序》《兰亭集序》《虞世南夫子庙堂碑》及《李义山诗集》。从沈从文平时的用具来看，他当时尽管是一名军人，但正在向文人方向发展。更能让人理解的是，沈从文对祖国的名胜非常感兴趣，这一点符合文人墨客的性格。

沈从文一行人从湖南茶峒到贵州松桃，又到重庆秀山，在第七天抵达目的地龙潭。他们一行人通过黔湘交界一处名叫棉花岭的地方时，那里给沈从文留下了很深的印象。他感觉那里的景色太令人神往了：

一群小山，一片云雾，那壮丽自然的画图，真是一个动人的奇观。这山峰形势同堡垒形势，十余年来还使我神往。

另外，沈从文一行人在四川边界处还曾经路过一处古寺院，寺里有 10 多棵非常粗的松树，六个人都合抱不过来。古寺南边有一座白骨塔，都用刻满佛像的石头砌成。附近有万人坑，里边有很多人骨。

龙潭附近百里内有一处有名的龙洞，沈从文经常到龙洞里乘凉。从洞里时常流出的水冰凉透骨，即便是伏天，人们也无法用那样的水洗脚。这水流到田野里，帮当地的农民灌溉了农田。

沈从文所属部队到达龙潭后，就在城中心的一个寺庙里落下脚。沈从文很快发现，这里的市面不大但很整齐，应该是比较富足的地方。当地的商会为了欢迎这支军队，已经做好了食宿方面的准备。

沈从文的工作并不复杂，但管理的文件比较重要，因此居住的地方要和其他人隔开。沈从文房间里贴满了自己写的字“胜过钟王，压倒曾李”。那些人都是当时写字出名的人，沈从文感觉只要能超过这些人，那自己就可以天下无敌了。

从沈从文房间的这些装饰就可以了解他当时的心态，他正在练习写字，正在向书法家方向努力。因为在军队上做司书，做文件收发员，基本都是以写字为主的，而沈从文之所以在军队中受到赏识，就是因为他的毛笔字写得好。

沈从文每月的薪水是九块大洋，可他从来不拿钱当回事，除了请朋友吃面，就是被别人借用了，他从来没有想到要添置新衣服。有一次，沈从文洗了自己的上衣，身上的衣服碰巧又被雨淋湿了，另一件上衣被朋友借走了。这时候，同事们都下楼吃饭去了，沈从文又不能光着膀子从文质彬彬的司令官门前经过，无奈只能挨饿了。

第三节　记忆中的大王

沈从文在龙潭工作期间共有 12 名同事，大多数都比沈从文岁数还小，只有一位土匪出身的“大王”比他岁数大，28 岁。据他自己说，他用自己的双手曾经杀死过 200 多个敌手，曾经娶过 17 位压寨夫人。沈从文后来的作品《说故事人的故事》里面的主人公就是这位大王。在作品中，沈从文这样描述他：

这正像是运气中所注定，说我的钱是在川东得，决无拿回湘西的理由，所以在一个夜间被一个本来不甚熟识的弁目牵牵扯扯到了那女人家，一坐下，四轮庄，我的钱去了一半。弁目是赢了。但见到我说非走不行时，他做出仿佛与我共一只鞋的神气，又仿佛是完全来陪我打牌的神气，所以我们就同时下场了。下了场的他，似乎不大好意思，就一定要请我过醉仙楼喝酒，是吃红，又是送行。推辞不得，我只好又跟他去。把酒喝到三分醉，他会过四吊铜元账以后，因为有点醉，就又要我陪他到第七旅监里去。在军队中交亲原是一场扑克一壶酒就可以拜把的。

我说，“这个我决不去了，我要睡了。”

“早！时间早，老弟，去去好。你不是常常说到还不曾见过好女人么，跟我去，那里的包你满意。”

沈从文在自传中描述的这位大王个子不高，黑黑的脸上一双眼睛像狼一样放着光，外表和一般人没什么两样。有一次，在冬天，有人说了一句“现在谁要下河去游泳，那才是不要命了”。大王听到这话，二话没说脱光了衣服就下了水，在河里游了一个小时左右，随后上岸来到说话的人身边问：“爷们儿的性命能让这点儿水害死吗?”当时，在场人无不为大王的行动惊骇。据说，大王被司令官救过一次，从此就不在山上做大王了。现在是司令官身边的亲信，上尉军衔，平时在司令官身边非常忠实，他们的关系像子侄一般。

沈从文的住处和大王的紧挨着，如果遇到二人都不出门，大王就到沈从文这边串门。沈从文从大王口中了解了很多土匪的行径，知道他如何杀人放火，掳掠妇女，如何在这种犯罪行为中磨炼出强悍的性格和灵魂。

大王上山之前也是一个良民，胆子非常小。在一次意外的冲突中他被一支军队当作土匪俘虏了，还被“枪毙”了一次。意外的事件终于让大王看清了人间的罪恶，他上了山变成了大王。大王是个戏迷，写字画画都拿得出手。他和沈从文聊天尽兴时就会跳上桌子来一段《杀四门》《夺三关》。

这段时期出了一件离奇的事。有一天，沈从文和同事们正在吃饭，有人说对面庙里的川军看押着一位很奇怪的犯人，是一个美女，曾经在18岁就当上了土匪头。落入军队手中后，青年军官都为这个貌美的女土匪发疯，最终还闹出了两条人命。好奇的沈从文便脱口而出："弟兄们，谁能带我去看看这个美女，我一定请他喝酒。"

沈从文当时也就随口这么一说，几天后就把这件事忘得一干二净。想不到一天黄昏时，正在擦拭灯罩的沈从文听到大王在喊："哎，兄弟，你跟我走，我让你看看你想看的东西。"随后，没等沈从文反应过来，大王拉起他就走出了屋门。

沈从文跟着大王来到一个庙里，那里驻扎有一个排的川军。大王和这些川军看起来非常熟识，打招呼、行军礼，随后进庙就向后面走去。转过一个角后，一位年轻妇女在栅栏边出现了。

大王一边换锁一边随口说："夭妹，我带了一位兄弟过来看你。"

女人回过头，映入沈从文眼里的是一张白净的脸，还有一双大眼睛。接下来，女人站起身，匀称的身段加上轻盈的脚步让沈从文瞠目结舌：真不愧"美女"的称号。尽管女人戴着脚镣，但依然无法掩盖她动人的美丽姿态。她隔着栅栏说了几句话后，忽然目光锁定了大王。

"刘大哥，我们不是已经说好了吗？今天就是十六。"女人对大王说。

"我知道，我知道，今天是十六。"大王赶忙说。

"你知道就行。"

“我心里也是急。就算了一卦，说眼下动不得。”

沈从文感觉女人对大王似乎有某种怨气，于是就把脸扭向一旁，余光留心大王的举动。大王悄悄对女人努努嘴。颇有经验的沈从文感觉到自己在这里的多余，就打算离开了。大王一边邀请沈从文第二天再来玩儿，一边把沈从文送出庙门，随后还悄悄地捏一捏沈从文的手，似乎有什么暗示。很快，大王一个人就回到了庙里。

沈从文当时的想法是，这位女人根本就不是土匪，绝对是被军队错以为是土匪抓来的。然而，令沈从文没有想到的是，第二天吃早饭的时候就得到了那女人被杀的消息。有人亲眼看到那女人被杀的经过，女人临死前一句话不说，就那么镇定自若地端坐在一条红毛毯上，头掉下来时身体依然不倒。

沈从文非常吃惊，赶忙打探这女人被杀的原因。原来，这个女人尽管长得非常美丽，但生性毒辣。喜欢她的军官非常多，但从来没有人敢靠近她。据说，这个女人有一批价格不菲的武器藏在某处，而军队就想得到这批武器。大王知道这件事后，就诱骗这个女人说自己也有武器，一定会想办法保女人出来一起上山当大王去。二人在庙里发生了关系。这么一来，大王就招来其他军官的妒忌，第二天就把女人砍了。

大王了解情况后像丢了魂魄一般，不吃不喝躺了几天。

沈从文在龙潭待了半年，感觉看巫峡的愿望难以实现，自己除了写字之外剩下的还是不停地看杀人，就对这里产生了厌倦情绪。这个时候，大王又和附近的洗衣女人好上了，而且还准备和这个洗衣妇结婚生子。有人向司令官作了报告，司令官就奉劝大王不要这么做，这样做影响军队的声誉。大王就准备请假，还准备和沈从文一起离开龙潭。正当他们将要离开时，让沈从文吃惊的又一幕上演了：大王忽然被军队士兵绑了起来，随后就要被推出去杀头。

大王历经的风浪很多，他此刻不停在向同事军官求助。司令官则温文尔雅地拿着象牙烟管走出来，随后非常严肃地对大王说："一个男人做错了事，那就应该光明正大地死去，这是军人的规矩。你在夜里到军队牢房里奸淫女犯，我作为司令官念你几年来的好只能睁一眼闭一眼。可你居然还要拐走良家妇女，这还了得！我要放你走，岂不是作孽？杀了你绝对是为民除害。你还是勇敢地做一个男子汉吧。"

这个大王刘云亭其实就是一名江洋大盗，说自己曾经杀死过200多人是吹牛。沈从文在自己作品《说故事人的故事》里最后这样写这位大王的结局：

……我正想问他女人见他走时是什么神气，楼下一个副官却在大声喊那弁目的名字，说是师长要他到军需处拿钱。弁目听到拿钱就走了。望到这汉子走下楼梯，我觉得师长为人真奇怪。这样放纵身边人，无怪乎大家能为他出死力。但这军纪风纪以后成什么样子呢？还正在一旁磨墨一旁想到这弁目同女人结果是应当怎样，楼下忽了吹的哨子，卫兵集了合。

听到师长大声说话了，像是在生气骂人。

听到那值日副官请令了，忙忙的来去不停，大的靴子底在阶石上响。

听到弁目喊救命了。我明白领钱的意义了。

我把窗打开一看，院子中已站满了兵士，吓得我不知所措。那弁目还不等到我下楼已被兵士拥去了。一分钟以后我不但清楚了一切，并且说不出为什么胆寒起来，这说故事的人忽然成了故事，完全是我料不到的。还仿佛是目前情形，是我站在那廊下望到那女人把鞋面给弁目看，一个极纤细的身影为灯光画到墙上，也成了像梦一样的故事了。我下午就上了船。还赶不上再多知道一点两人死后的事情，我转湘西了……

司令官就这样处死了大王。想不到的是，三年后在湘西，这位司令官被一位姓田的部下请去喝酒，在半路被机关枪打死了，尸体被堆放在路边水沟里两个月才得以入土。那位姓田的部下后来在一年后也被请去喝酒，结果在老地方被人刺死。

第四节　逃的前一天

沈从文有一部作品《逃的前一天》，写的是作者去北京之前在怀化镇的情况，他曾经这样写：

……他坐到那庙廊下望太阳，太阳还同样很悠遐的慢慢在天空移动。他心凝静在台阶日影上，再不能想其他的事了。

看到一群狗在戏台下打仗，几个兵在太阳下，用绳索包了布片，通过来复枪的弹道，拖来拖去，他觉到人与狗同样的无聊。

他想：到后天，这时候，这里就少三个人了。他知道那时候将免不了一些人着忙，书记官要拟稿行文，副官处要发公事，卫舍处要记过，军需处要因他们余饷有小小纠纷……一切一切全是好笑的事。因逃兵而起的骚扰，他是从其他人潜逃以后的情形看得出的。见过许多了，每一次都是这样子，不愿意干，就逃走。逃走，利益还似乎是营上这一边。不久大家也就忘了。军队中生活是有系统的，秩序不紊的，这整齐划一的现象，竟到了逃兵这种事上，奇怪得使他发笑了……

沈从文的这篇散文是不是在写自己“出逃”北京前的犹豫呢?沈从文没有提及，但是，他的思想正在发生变化……

沈从文从川东回到了湘西后，得到了上司的首肯。当时湘西镇守使陈渠珍很赏识沈从文，就让他在自己身边做书记，薪水还是每月九块大洋。

沈从文居住的地方在山上，是军队的会议室。只要机要秘书不在，做会议记录一般都是沈从文的事。从沈从文当时的生活来看，眼下应该是一次转机。从仕途上分析，沈从文此刻要留在湘西镇守使身边，对他的前途是有利的。更鲜为人知的是，这位镇守使很崇拜王守仁和曾国藩，而且他手中搜集了很多的书籍字画：

房子里放了四五个大楠木橱柜，大橱柜里约有百来轴宋及明清的旧画，与几十件铜器及古瓷，还有十来箱书籍，一大批碑帖，不久且来了一部《四部丛刊》……

——《从文自传》

他的任务是将这些书籍放在固定地方，负责看护这些书籍字画。随着时间的推移，沈从文逐渐对一些旧书产生了兴趣。

沈从文现在的日常工作要比参谋处忙，随时都会有事要处理，随时都可能离开会议室到其他地方去玩，随时也有可能因为急事被人叫回来。有时候，军中急电或者公文需要马上处理，沈从文就需要半夜起来加班加点撰写。这么一来，沈从文必须时常守在房子里，但同时就会有很多空闲时间。在没事可做时，手边的书画就成为沈从文经常欣赏的对象：《西清古鉴》《钟鼎款识》……沈从文还努力从字体和形状上揣测古铜器的价值。如果不了解一部书的作者的生卒年月，他就去翻看《四库提要》。随着时间的推移，沈从文对民族文化艺术有了比较深层的认识。这个职位，不仅让沈从文靠近了当时的湘西统领官陈渠珍，而且让沈从文的思想向文人方向更加靠拢了一些。

统领官都用草书撰写稿子，沈从文就从会议的听录加上手稿去判定，此举让他认识了很多的新字。不过，令沈从文印象更深刻的，是这位统领官的人品：

……使我很感动的，影响到一生工作的，却是他（统领官）那种稀有的精神和人格。天未亮时起身，半夜里还不睡觉。凡事任什么他明白，任什么他懂。他自奉常常同个下级军官一样，在某个方面来说，他还天真烂漫，什么是好的他就去学习，去理解。处置一切他总敏捷稳重……

——《从文自传》

沈从文岁数不大，很快就在这位杰出的统领官的带领下取得了不错的成绩，但和这位统领官的接触，让沈从文的思想发生了天翻地覆的变化。沈从文的思想已经从一位文职军官彻底向文人转变了。原先的一些同事他开始慢慢地疏远，原先的一些习惯他也在慢慢改变。沈从文有空到山坡河边去玩，手里总要拿上一本书，目光不停在书中字里行间默默搜寻着远去的世界。厌倦的时候，沈从文的视线就转向天空的白云，河中的流水……人生的烈火正在沈从文的心中默默开始燃烧，但此刻，文人的寂寞也伴随而来。

这段时期，沈从文的父亲已经从北方回到湘西，在龙潭的张指挥手下做军医，他们的军队在川东设防，指挥部设在沅陵。沈从文弟弟此时正和沈从文在一个部门做文职军人，母亲和最小的九妹也在沅陵居住。家人已经忘记了沈从文此前干的错事，都希望沈从文能够踏踏实实做事，谁也没有想到沈从文此时思想发生了变化。

文人的寂寞感开始在沈从文生活中滋生，他需要这方面的朋友，老朋友已经无法在这方面和沈从文沟通，沈从文的思想已经转变成了文人的思想。此刻有文人来到了这里，这就是沈从文的姨夫聂仁德。他曾经和熊希龄是同科进士，是沈从文当时统领官陈渠珍的老师。

沈从文的姨夫刚刚到来时居住在河对面名叫狮子洞的一个庙里。他学识非常渊博，谈吐幽默风趣。沈从文时常从姨夫口中了解宋元哲学、大乘、因明、进化论等知识。姨夫的来到让沈从文找到了久违的快乐，他是刚刚进入文人世界的沈从文的知音。

在隐隐约约中，沈从文感觉自己仿佛有一项伟大的事业要去做，去完成，而那项事业非常符合沈从文本身的个性。现在的人们都明白那是文学创作，可当时的沈从文还没有意识到这一点，只是感觉自己和书非常亲近。

之前的老朋友也感受到了沈从文的变化，他们都感觉沈从文变得越来越古怪。其中有读过《曾文正公全集》的模范军人满振光，侠客的崇拜者陆弢，胸怀大志的田杰。这三个人曾经徒步从贵州去过云南和广东、从宜昌抵达成都。另外一个是沈从文的同学郑子参，当时二人一起在参谋处供职。按照沈从文的说法，他们都属于“从戎而无法投笔的人”，当时他们都感觉当前的生活不是自己追求的生活，都希望去创造一种新生活，去走自己选择的路。

沈从文所属部队增派一支部队到川东驻防，增加了税收机构。统领官为了扩充实力，就制定了一套精密的计划，准备实行湘西乡自制。后来，保靖地方增设了师范讲习所、联合模范中学、女学等组织机构。另外，当地还开设了一个报社，积极筹备定期刊物，首先印刷的是《乡治条例》，而沈从文就成了最合适的校对人选。当部队有了公文需要处理时，沈从文需要拿一根大木棒子从后山迂回过去，因为那里有很多野狗出没。

沈从文在报社任职后，就和主管印刷的小头头住在了一间房子里，隔壁就是两台手摇平板印刷机，时常不停地转动。这时候，又一位影响沈从文思想的人走进了沈从文的视线，他就是负责印刷的工人。

那个印刷工人是一个瘦高个圆脸圆眼睛的人，其思想受到了五四运动的影响，很进步。他有很多进步书刊，还特意在墙上钉了几个钉子，然后放上木板，将他的一些书刊放到上面。沈从文从司令部搬到这里后，就把自己的一些书放在桌子上。二人一来二往，逐渐就熟悉了。喜欢新事物的沈从文就开始阅读对方的书刊，向对方询问一些不了解的东西。

“请问，那本封面上有光膀子人的是什么书?”

“《改造》。”

“《超人》是什么?”

这个问题似乎让印刷工感觉难以置信，他瞪大眼睛有些吃惊地说：“不会吧！这么有名的诗人，你怎么会不知道?”

沈从文当时对古代的一些文人比较了解，而当代的一些文人和作品相对了解少一点儿。后来，印刷工人不断将他的一些报刊推荐给沈从文来看。沈从文也从这些文字中渐渐了解了当时的新文化现象，而古文中的一些语句慢慢从沈从文的口语中消失了。比如，古语中“焉”“也”，后来被“啊”“了”代替。

沈从文认识了这位印刷工人是他人生路上的一个重要事件，是沈从文从旧文化向新文化迈进的关键点，而正是这位印刷工人的新思想、新书刊，让沈从文认识到了文化的另一个世界。沈从文在自传中这样描述当时的情景：

……处注意到时，真产生不少反感！可是，为时不久，我便被这些大小书本征服了。我对于新书投了降，不再看《花间集》，不再写《孝女曹娥碑》，却喜欢看《新潮》《改造》了。

就这样，新文化的思潮通过这位印刷工人流入了沈从文的心田，沈从文记下了很多新人物的名字，不断阅读他们的文字作品，不断接受他们的思想。慢慢地，一种想法在沈从文脑海中萌生了：这些人为什么会懂这么多东西？他们拿起笔来就会写这么好的文章？在智慧和权利的选择上，沈从文感觉自己应该选择智慧。人不应该马马虎虎过日子，不能委屈过日子，应当走自己的路。

沈从文不断从报纸上看到报童读书、补锅匠为教育捐款的报道，就受到了启发。他感觉自己眼下再重新入学读书似乎没有机会了，但为教育事业出力的事情完全可以做到。于是，沈从文拿了薪水之后，就用“隐名兵士”的名义邮寄到上海《民国日报·觉悟》的编辑部，另外在附加信中说明自己捐资助学的意思，并委托他们转交“工读团”。沈从文做完这些事后，心里感觉非常愉快。

当时的一些工厂都在不断生产，很多产品不断上市。另外，湘西的一些学校都在井井有条地上课。沈从文除了校对业务之外，还要和印刷工沟通新事物和新思想，还要抽时间到四处查看新鲜东西。当沈从文看到那些青年教师在给学生上课时，心里就产生一种优越感，感觉自己正在为国家服务，为国家的教育事业做了贡献。

当地的税收增加了，乡长就开会将金融集中到本市，当地的经济就出现了空前的繁荣局面。为了筹备师资力量，当地政府决定派学生到外国去留学，从棉业、蚕桑、机械、师范等行业选拔人才，然后官府出钱派他们去学习。当时，一心想学习的沈从文很想学一些实用的技能，可具体学习什么，沈从文自己也不清楚。

军队需要处理的公文和文件很多，因此上级决定让沈从文回部队。此时，一场伤寒病袭击了沈从文的身体，病重期间不仅什么他都难以下咽，而且头疼得非常厉害，还不停流鼻血。老百姓有俗语说：伤寒病难过七天。但是，病魔并没有夺走沈从文的生命，因为过去的军营生活铸就了沈从文结实的身体，让他得以在这次大病中成功脱险。七天之后，沈从文苍白的脸上终于露出了一丝难得的笑容。

这段时期，满振先、郑子参、田杰、陆弢等一直照顾沈从文。尤其是郑子参，他和沈从文在一间屋子里办公，是他一直照顾病入膏肓的沈从文的饮食起居。就在沈从文刚刚痊愈的时候，有位朋友前来探望，送来了一些李子。沈从文不加考虑拿了一个就往嘴里送，正好被刚进门的陆弢看见。陆弢上前就夺下了李子："你得的是伤寒，万万不可以吃李子。"随后，几位朋友马上将李子分着吃了。沈从文为此很感激这些朋友们。

可是，几天之后，在沈从文的这位健壮如牛的好朋友陆弢身上发生了悲剧。那天很热，很多人都下河游泳。沈从文和几位朋友也来到了河边。看到水流湍急的河滩，几位朋友都有点儿胆怯了。只有陆弢大声嚷道："下水啊，咱们看看谁能游过去！"

看到没人下水，陆弢好像有点儿生气。他不再理会朋友们，自己脱光了衣服，然后飞身就跳了下去。但是，大家看到陆弢下水后的巨大旋涡都害怕了，都替陆弢担心。果然，随着时间的推移，朋友们再也没有看到陆弢在水面上露出脑袋……三天后，人们在几里外的下游发现了陆弢的尸体。第四天，沈从文作为好朋友给陆弢收尸。看到朋友被水浸泡后臃肿的尸首，沈从文悲痛欲绝。

这件事对沈从文精神上刺激很大，他在《从文自传》中这样描述当时的心情：

我病死或淹死或到外边去饿死，有什么不同？若前些日子病死了，连许多没有看到过的东西都不能看到，许多不曾到过的地方也无从走去，真无意思。我知道我见到的实在太少，应知道应见到的可太多，怎么办？我想我得进一个学校，去学些我不明白的问题，得向些新地方，去看些听些使我耳目一新的事情。

后来，沈从文其他的几个朋友有的在短短的几年内撒手人寰。

满振先：沈从文的小姑夫，忠厚诚实。小姑居然在一次看电影时被电影里血淋淋的镜头吓死了，而满振先作为基层军官在桃源作战中被捷克机枪扫射而死。

郑子参：后来去广州参加了革命，考取了名震海外的黄埔军校。四期骑兵科毕业后，在东江作战中阵亡。

田杰：后来去广州参加了国民革命军，曾经担任蒋介石警卫连连长，娶了一个中学生做媳妇。沈从文给田杰写信，奉劝他不要在那里混，来北京读点儿书。田杰回信：兄弟，眼下是乱世，还是不要读书吧……

沈从文已经动了去学习的念头。经过反复考虑之后，他选择了北京。究其原因，主要是因为沈从文在和那位印刷工的交往中，沈从文接受了一些新思想，而当时北京正是中国新思想的中心。沈从文想："好坏我总有一天得死去，多见几个新鲜日头，多过几个新鲜的桥，在一些危险中使尽最后一点气力……似乎应当有意思。"

按照沈从文的想法，如果自己到北京读书不成功的话就去当警察。如果再不行，那就老老实实认输，卷铺盖走人。

沈从文经过反复考虑之后，就怯生生地向曾经非常器重自己的上司汇报了想法。上司对他的想法给予了鼓励，同时还让沈从文拿了三个月的薪水，随后叮嘱沈从文说：“你先到北京看看吧。如果一两年之内能毕业的话，我们可以给你出钱。如果到那里生活不下去，我们这里依然欢迎你回来。”

上级的话让沈从文吃了定心丸。沈从文提了行李，首先从湖南来到汉口，再辗转到郑州、徐州、天津。19 天之后，沈从文终于出现在北京前门车站的广场上。一个拉洋车的高个子给他出主意，于是，沈从文就坐上他的车来到北京西河沿的一家小旅店。

1923 年，沈从文从湘西军队来到了北京准备学习，“便开始进到了一个使我永远无从毕业的学校，来学那课永远学不尽的人生了”。

沈从文就这样从军队里边“逃走”了……

第五章　初始文学之路

第一节　北京，我来了

凤凰是人世间吉祥幸福的使者，它的美丽倾倒了无数世人。据说，当凤凰成长到一定时期后就要涅槃，它会带着自己在人间积累的罪恶和仇怨投入熊熊烈火中，以此换取灵魂的解脱和净化。凤凰在精神和肉体经受了巨大痛苦和磨难后才能以更加美丽、更加纯洁的姿态得以重生，让生命焕发美丽的光彩。细想一下，沈从文在湘西脱下军装只身来到北京想读书学习，这本身就是凤凰涅槃的过程。沈从文在学校中顽劣、逃学、叛逆，后来从军，最后在历经种种磨难之后再次想回到学校学习，其实他就是想用学习的烈火来换取灵魂的净化，准备让接下来的人生焕发光彩。通过这个过程，让无法安心在学校读书、一心想在外面闯荡的沈从文最终涅槃变成了安心在室内搞创作的文学大师。沈从文在文学创作的烈火中焚烧了湘西的军服，在经受巨大的磨炼之后最终成为一代文学大师，让他的人生绽放出了美丽的光彩。

沈从文在来到北京之前是一名文职军人，他从接触新思想之后认识到“五四”新文化运动的基本方向是要将文言文彻底改头换面，将原来文言文的感受力和它代表的文化、思想、道德进行改造。他在湘西闯荡的过程中，目睹了那些旧式军队的恶性，了解那些绅士老爷的卑劣行径，感觉到那条路不是自己要走的。于是，抱着来到北京学习的重生愿望，沈从文改头换面了——

沈从文：男，20 岁，学生，湖南凤凰县人。

1923 年夏天，沈从文在北京旅店的登记簿上写下自己的身份，他是以学生的身份来北京准备读书学习，而就在 20 天之前，他还在湘西穿着军装。当时，沈从文从报纸（在常德曾经和别人合订一份《申报》）上看到北京有上学的机会。

沈从文在北京住下后，随后就先找到了一家亲戚（应该是黄玉书的父亲黄镜铭。凌宇教授的《沈从文传》中说是沈从文的大姐和姐夫。不过，从下面的一些话上分析，此人应该是黄镜铭）。那位亲戚问他来北京做什么。沈从文毫不犹豫地回答：“我来北京寻找理想，学习，读书。”

沈从文的回答很实在，中间也透露出天真。亲戚马上给他泼了冷水：“读书？寻找理想？你怎么读书啊？北京城时下就有一万名大学生，这些人毕业后都闲着没事干。大学教授的薪水一个月只有 36 块钱，还要通过鞠躬罢课折腾出来。现在那些书呆子不是读死书就是读书死，根本没有你在乡下有前途。”

沈从文按照当时《新青年》《新潮》《改造》等杂志上的新思想和平时积攒在心中最美的辞令回答了亲戚的问题。沈从文认为：祖国需要改造，这项伟大的工作应该从文学开始，只有文学的革命才能拯救被权势和财富压迫变形扭曲的民族情感，民族的热情和正义一定会重新树立起来。沈从文说，自己尽管接触新文化很少，但只要努力学习，总会有办法的。

沈从文的这位亲戚思想很活跃，他很快明白了沈从文的来意，就鼓励沈从文说："你有这样的决心很难得。别人都带了弓弩上山去打猎，你反而空手带了一脑子的梦想来到北京做这样的事情。你有这样的胆识就有资格在北京城做下去。你既然是为信仰而来，那就不要丢掉它，因为你现在除了信仰之外，一无所有。"沈从文感觉最后这句话很有鼓励性：人都是为了信仰而活着，是信仰在支配着人在人间奔波。

沈从文首先安排好住处：从西河沿的小旅馆搬到了湘西人在北京开设的西西会馆。西西会馆是清朝时期湘西人为了故乡读书人进京考试出资兴建的，附近还置办了一些不动产，专门提供房屋的修缮工作。这家会馆的管事姓金，是沈从文的一个远房表哥。因此，沈从文进来之后，完全可以免租金，这解决了沈从文在北京的后顾之忧。

沈从文来北京的梦想是做个大学生，但经过多次努力之后，他最终没有被一家大学录取。当时的中国，写文章、读学位的人背后都需要财力的支持，那些经常在报纸杂志上发表文章的作家学者基本上都是教授。沈从文没有上过新式中学（新式小学未毕业），考大学是不可能的事情。

沈从文参加了私立大学的入学考试，但成绩不好。在这种状态下，他想再考取北京大学更加困难。他学习外语非常吃力，有时候自己连英文字母也背不出。当时，剧作家丁西林和外文教授陈源都曾经辅导过沈从文英语，他们都努力想把沈从文送到剑桥上学，可沈从文的成绩根本不行。著名哲学系教授冯友兰曾经在沈从文的试卷上批阅成绩，结果很不理想。最后，一所中法大学终于向沈从文敞开了大门，可惜沈从文没钱交学费。此举有点儿像欧洲一代雕塑巨匠罗丹的经历：青年时代的罗丹被巴黎美术学院拒之门外。中国的一代文学大师沈从文，在北京同样不被大学录取。

当时，沈从文在北京有两门很有势力的亲戚：熊希龄和黄镜铭，但他没有想过要依附他们。沈从文渴望人性的独立，准备和旧式家庭一刀两断。尽管沈从文在财力上有湘西的支持，可有时候汇款并不及时。因为沈从文身上有才气，所以在外表上是难以判断他是否上过大学的，可他的穿戴可以暴露出他的社会地位。沈从文此前一直在湘西生活，他很难适应北京方言。尽管没有人怀疑他的民族身份，可沈从文在和朋友交往上依然心存疑虑。

事到如今，沈从文理解了新思想里倡导的“学习”和“斗争”的含义，自己现在就是在学习和斗争！沈从文就这样在北京坚持了四年。艰苦的生活让沈从文加深了对当时中国社会的进一步认识。权势、知识、武力、文治……那些所谓的全民代表和高级官吏的思想，眼下这些就是社会的现实，而沈从文所追求的理想和这样的现实有明显的不同，他的理想让一般人看来绝对属于白日做梦。

这段时期，正是沈从文的人生转折时期。究竟沈从文在成为作家之前在北京苦熬了多长时间，只有他自己心里清楚。沈从文开始是为考大学而忙碌，后来因为生活的关系不得不干杂活维持生计：在京州印刷厂做工，因为沈从文在湘西曾经和一名印刷工人交往不错，多少了解一点儿印刷方面的知识；沈从文曾经到某家图书馆谋求职位，因为他在保靖做过图书馆的工作，但最终没有被录用；有一县政府招聘录事职员，沈从文马上去应试，但到那里之后才知道为时已晚。

刚到北京的时候，沈从文有一位朋友在大学做教授，朋友就想帮助沈从文进入这所大学的图书馆讲习班，原定暑假开学，可后来因为种种原因这件事泡汤了。

沈从文财力不足，只得在北京租住了小公寓，还要品尝零下十二度不用火炉过冬的滋味，并且时常要培养三两天之内不吃东西的习惯。另外，饥寒交迫、无望无助的沈从文依然要进图书馆阅读图书，然后回到住处拿起笔写文章，把写成的作品寄到各个报纸杂志的编辑部去，随后在没有任何结果的等待里慢慢适应挫败感。后来，沈从文开始在北京《晨报副刊》登载具有讽刺意义的小品文，不过没有几篇。当前中国学术界也不曾找到任何一篇关于沈从文早期作品的评论文章。沈从文的这几篇小品文也没有给沈从文带来任何经济效益，因为当时《晨报副刊》没有给他稿酬，就给了沈从文几张买书的现金券。

有时候，沈从文感觉实在有点儿撑不下去了，就到北京大街上跟着那些直系军阀或者奉系军阀招兵买马的旗子走几圈。当时，中国各地的军阀包括奉系、直系等都曾经在北京招兵。为了扩大宣传力度，那些招兵机构的屁股后头要跟上很多流浪汉，还要配上乐器招摇过市。沈从文有很多次在迷茫中跟着这样的队伍到旅馆里排队招录。小旗子引起了沈从文的注意，他想，自己的活路就剩下两条：一条是写文章，另一条就是跟着招兵买马的旗子走。

沈从文的大哥沈云麓此时在东北奉系军阀手下任职，但不是正规军官，是在军队里做美术宣传。沈从文之所以不止一次想再次穿军装，就是想找大哥去。有时候他也想，自己要到东北从军的话，必须要从最低级的步兵下士做起。这么做，还不如自己留在湘西。

有时候，沈从文就会想起曾经的湘西，来北京之前他在陈渠珍手下做得不错，一直混下去说不定也会有出头之日。现在自己在北京如此艰难，为什么不再回去呢？但现实没有给沈从文走回头路的机会：当时国民革命北伐军正在轰轰烈烈地从南向北压过来，已经在湖南截断了沅江，沈从文想回到湘西是不可能的。换句话说，假如沈从文继续留在湘西的话，说不定就会被北伐军的枪炮斩杀。

沈从文有一次询问招兵买马的军官："长官，这些跟着你们走的人后边会怎么样呢？"

"这……"那军官很奇怪地看着沈从文笑一笑，没有再言语。那笑容至今还印在沈从文的脑海中。沈从文感觉，跟在招兵买马的旗子后面走的结果无非是走上湘西的老路。

将要填写志愿表发生活费的时候，沈从文的耳边就想起亲戚的话："你现在除了信仰之外一无所有。"

沈从文没有办法，只得从人群中走出来，瞪着一双饿得无神的眼睛回到自己的住处，然后安心等待。

沈从文感觉眼下即便是做白日梦也要走下去，因为这是自己的信仰。但长时间的低迷和屡次的投稿失败也会让人丧气。沈从文忽然间想到：学习照相会不会更好一点儿？因为北京二三十年代的照相业是新生产业，属于很有前途的产业。因此，有一次沈从文写了一篇东西寄到了北京的一家杂志社之后，接下来他就到了照相学校，告诉校长自己愿意做学徒的想法。

沈从文在北京的舅舅黄镜铭在照相方面对沈家影响很大，沈从文的母亲就是跟这位哥哥学习的照相。从这层关系上说，沈从文想学习照相是和他这位舅舅有关系的。但是，后来有人为此询问过沈从文，但沈从文说他当时想学习照相和这位在北京的舅舅没有丝毫瓜葛。

从沈从文的这些行为可以看出，当时的沈从文正处于迷茫时期，他不知道自己要往哪里走，更不知道自己的文学创作道路能够走多远。

第二节　结识郁达夫

沈从文到北京一段时间之后感觉到了从未有过的生活压力，其间他在报纸上曾经读过很多当时著名作家的文章，就给其中的几位写了信，希望这些著名作家能够帮助自己圆作家梦。寄托着沈从文期望的信件发出去了，但有回音的只有郁达夫一人。当时的郁达夫正在北京大学任教，但教授的并不是文学，而是政治、经济及数学系统计学方面的内容。

郁达夫曾经在日本东京帝国大学学习经济学，最终拿到的学位也是经济学。尽管当时郁达夫在文学界已经有了不小的名气，但他依然还要在北京大学担任这个职务，其中原因是为生计考虑。郁达夫在文学上也走过一段非常坎坷的路，因此对于正在这条独木桥上苦苦挣扎的沈从文有着刻骨铭心的理解。郁达夫接到沈从文的信仔细看了之后深受感动，他立即抽出时间，按照上面提供的地址找到了生活艰难的沈从文。

从这个角度上说，郁达夫没有让这位远道而来的沈从文失望。要知道，沈从文和当时已经在中国文坛具有声望的郁达夫有着天壤之别。郁达夫能在百忙之中特意来探视沈从文并和其交流，这对当时处在人生低谷的沈从文是莫大的鼓舞。

当时北京已经到了深冬时节，天气已经非常寒冷。郁达夫走进小屋见到的是一幅非常凄惨的景象：屋里根本没有北京入冬必备的火炉，一个年轻人只穿着两件夹衣，用被子裹着两条腿在桌旁写字。看到郁达夫走进来，沈从文感到有些惶恐。而郁达夫看到在寒气中瑟瑟发抖的沈从文，马上解下了自己的围巾，随后拍拍上面的雪花，给沈从文带在了身上。可以设想一下，当时沈从文心中的感觉肯定是身在寒雪中遇到了送炭人。就这样，两位中国文学大师的初次见面在“窄而霉”的小屋里就这样发生了。

郁达夫绝对是科班出身，属于当时的学者，而这正是当时沈从文追求的理想目标。不过，沈从文此前在湘西闯荡多年，尽管称不上见多识广，可也算得上见过世面。因此，二人见面的整个上午，主要是沈从文叙述，他说自己的经历，自己的想法……而郁达夫非常忠实地做了沈从文的听众。郁达夫在后来的一篇文章里曾经这样描述当时的情况：“我今天上你那公寓里来看了你那一副样子，觉得什么话也说不出来。”

沈从文告诉郁达夫，他到北京的目的是为了取得一个国立大学的文凭。沈从文感觉，从国立大学毕业之后可以解决自己的生活问题。沈从文后来还说到了自己的家庭：已经有四五年时间不曾见到母亲和妹妹了，而今连她们的生死状况都不知道。沈从文还向郁达夫谈到自己在北京的两位非凡的亲戚：曾担任过民国总理的熊希龄和舅舅黄镜铭。沈从文表示，要凭借自己的能力去生活，不想依靠这两门亲戚。

郁达夫通过整个上午的旁听，了解到沈从文当时已经陷入绝境。他就给沈从文分析说：接济你的人（陈渠珍），因为自家的地位动摇，无钱帮你。你去投奔同乡亲戚（指熊希龄），他不理睬你，你穷极无路，只好写信给一个和你素不相识，而你又明明知道和你一样穷的我……

二人说到中午，郁达夫还请沈从文到外面去吃了饭。两人在附近一家小饭店吃了一元七角多的一顿饭。郁达夫掏出一张五元的票子埋单后，将剩余的三元多给了沈从文。是怜惜？还是可怜？可不管怎么说，当时郁达夫的情况要比沈从文好，已经陷入绝境的沈从文没有拒绝的理由和资格。因此，沈从文回到住处就忍不住趴在桌上放声大哭。半个多世纪后，郁达夫的侄女郁风曾经访问沈从文，她这样描述当时的情形："沈从文先生对我说着这话时已是70多岁的人了，但他笑得那么天真，那么激动，他说那情景一辈子也不会忘记：'后来他拿出五块钱，同我出去吃了饭，找回来的钱都送给我了。那时候的五块钱啊……'"

吃完饭后的郁达夫在回学校的路上，冒着极大的风雪回想着方才这位文学青年的陈述。当时，像沈从文这样给郁达夫写信的文学青年很多，他们都有一个共同的特点，除了都贫困之外还都有一个文学梦，而文学道路明明是一条独木桥。对这些人，郁达夫除了同情，还真没有别的好办法。再说，当时郁达夫经济实力也很有限，不仅收入少，还要常常帮助那些文学青年，这样的做法常常让郁达夫的生活捉襟见肘。当时的沈从文并不知道，郁达夫去探视自己时，居然连一条棉裤也没有。郁达夫身为一个大学讲师，生活尚且如此，联想到沈从文的生活前景，他当天晚上想了很多。在激愤之中，郁达夫写出了《给一位文学青年的公开状》。

对于为什么要努力帮助这些文学青年，郁达夫这样解释："平素不认识的可怜的朋友，或是写信来，或是亲自上我这里来的，很多很多。我因为想报答两位也是我素不认识而对于我却有十二分的同情过的朋友的厚恩起见，总尽我的力量帮助他们。"郁达夫也解释了一下自己的经济情况："我的力量太薄弱了，可怜的朋友太多了，所以结果近来弄得我自家连一条棉裤也没有……现在我的经济状况，比从前并没有什么宽裕……每月的教书钱，额面上虽有五十三加六十四合一百十七块，但实际上拿得到的只有三十三四块——而我的嗜好日深，每月光是烟酒的账，也要开销二十多块。"给沈从文讲这些话，当然并非怕他来借钱，而是以自己是一个留学生又在大学教书的身份，来"证明目下的中国社会的不合理，以大学毕业的资格来糊口的你的那种见解的错误罢了"。

《晨报副刊》刊出这封"公开状"之后，马上引起了强烈的反响。不过，当时的郁达夫和沈从文只有一面之交，他只是看到了沈从文生活的困窘，可对沈从文此前在湘西逃学在外边闯荡的经历，军中见过无数死亡和惊心动魄的场景的经历一无所知。恰恰是这些生活，使沈从文大大有别于其他的文学青年，也正是这次见面，让沈从文得以走出生命的低谷。当时的郁达夫或许做梦也不会想到，眼前的那位衣衫褴褛、生活艰难的湘西青年，日后会像自己一样在中国文学界大放光彩。

郁达夫尽管写了一篇这样的文章，可他在沈从文的文学道路上还是给予了切实的帮助。1925 年，沈从文在郁达夫介绍下结识了中国现代著名诗人徐志摩，随后在徐志摩的赏识和大力推举下，沈从文在文学创作的道路上鼓起了远航的风帆。后来，沈从文也是没有忘记在文学道路上曾经帮助过自己的人。他 1936 年出版《从文小说习作选》时，在“代序”中有这样一段充满感激之情的话：“这样一本厚厚的书能够和你们见面，需要出版者的勇气，同时还有几个人，特别值得记忆，我也想向你们提提：徐志摩先生，胡适之先生，林宰平先生，郁达夫先生……这十年来没有他们对我的种种帮助和鼓励，这本集子里的作品不会产生，不会存在。”

第三节　崭露头角

沈从文写了很多的文章并疯狂地向各家报纸杂志投稿，但那些稿子都被编辑扔进了废纸篓。当时《晨报副刊》的主编是鲁迅的学生孙伏园。据说，这位当时被称作“副刊大王”的著名散文家有一次在编辑大会上把沈从文没有被采用的许多来稿摊开让大家看，随后说：“这就是 × × 作家创作的作品。”接下来，孙伏园将这些稿子都放进了废纸篓。当时的孙伏园不会想到，他扔的稿子或许有一天会大放异彩，而他曾经嘲讽的“××作家”有朝一日的确为中国的文学事业做出了巨大的贡献。但在当时，沈从文的确有很多无奈。

有时候，沈从文心血来潮，忽然会感觉自己作品写得很好，但随着时间的推移很快就发现作品的内容是不被人看好的。他发现，自己在北京只是一名平常得不能再平常的人，自己的想法也没有什么过人之处。但是，沈从文感觉自己有的是勇气。

根据记载，沈从文第一篇发表的作品应该是《一封未曾付邮的信》，发表在1924年12月的北京《晨报副刊》。作品中的主人公应该就是沈从文本人，他在作品中写出了自己当时投稿连付邮资的钱也没有的困境：

我愿意用我手与脑终日劳作，来换取每日最低限度的生活费。我愿……我请先生为我寻一生活法。

我以为：“能用笔写他心同情于不幸者的人，不会拒绝这样一个小孩子。”这愚陋可笑的见解，增加了我执笔的勇气。

我住处是×××××，倘若先生回复我这小小愿望时，愿先生康健！

“伙计！伙计！”他把信写好了，叫伙计付邮。

“什么？有什么事？”在他喊了六七声以后，才听到一个懒懒的应声。从这声中，可以见到一点不愿理会的轻蔑与骄态。

他生出一点火气来了。但他知道这时发脾气，对事情没有好处，且简直是有害的，便依然按捺着性子，和和气气的喊，“来呀，有事！”

一个青脸庞二掌柜兼伙计，气呼呼的立在他面前。他准备把信放进刚写好的封套里，“请你发一下！……本京一分……三个子儿就得了！”

“没得邮花怎么发？……是的，就是一分，也没有！你不看早上洋火、夜里的油是怎么来的！”

“……”

“一个子没有如何发？哪里去借？”

“……”

“谁扯诳？那无法……”

“那算了吧。”他实在不能再看二掌柜难看的青色脸了，打发了他出去。窗子外面，一声小小冷笑送到他耳朵边来。

他同疯狂一样，全身战栗，粗暴的从桌上取过信来，一撕两半。那两张信纸，轻轻的掉了下地，他并不去注意，只将两个半边信封，叠做一处，又是一撕，向字篓中尽力的掼去。

从作品中可以看出，沈从文当时的确非常穷困。

1925 年，北京《晨报副刊》开始不断登载沈从文的小品文，给他的稿费也在逐渐增加。随着沈从文文章不断问世，沈从文文学道路上又一位天使般的人物出现了，他就是北京大学哲学系教授林宰平。

1925 年 5 月 4 日是“五四运动”纪念日，北京的《晨报副刊》为此出版了一期“五四运动纪念号”来纪念这次中国近代史上非同一般的学生运动。不过，版面上登载的纪念文章并不全是歌颂那次运动的文章，比如其中一篇就是《每逢五月便伤神》。在所有的文章中，有一篇署名“唯刚”的《大学与学生》更加特别，因为文章内容涉及了当时正在文学路上奋进的沈从文，而那位署名“唯刚”的人就是北京大学哲学系教授林宰平。林宰平感觉沈从文的作品写得不错，就错把沈从文当成了在校大学生，专门写了一篇书评称赞沈从文的文采。

在《大学与学生》一文中，林宰平首先批评了当时北京城一些连“专门”都不称职的院校纷纷改头换面自称“大学”的现象，他以为这使得教育事业“脸皮更厚了”，并以为这是因为“在社会上无论办学人们乃至教员学生大多数为一种‘虚伪’恶魔所征服……教育就筑在这个可怕的地盘上，大家试想这是一种多么危险的事情”！

林宰平的文章中引用了曾经《晨报副刊》发表过的、署名休芸芸的散文《遥夜》中的一段文字，而休芸芸正是沈从文的笔名，文字描述了主人公看到一位女子而产生的种种思绪：

……这是什么世界呢？这地方莫非就是通常人们说的天宫一类的处所吧？我想要找一个在此居住的人问问，可是尽眼力向各方望去，除了些葱绿参天的树木，柳木根下一些嫩白色水仙花在小剑般淡绿色叶中露出圆脸外，连一个小生物——小到麻雀一类东西也不见！……或是过于寒冷了吧！不错，这地方是有清冷冷的微风，我在战栗。

但是这风是我很愿意接近的，我心里所有的委屈当第一次感受到风时便通给吹掉了！我这时绝不会想到二十年来许多不快的事情。

我似乎很满足，但并不像往日正当肚中感到空虚时忽然得到一片满涂果子酱的烤面包那么满足，也不是像在月前一个无钱早晨不能到图书馆去取暖时，忽然从小背心第三口袋里寻出一枚两角钱币那么快意，我简直并不是身心的快适，因为这是我灵魂遨游于虹的国，而且灵魂也为这调和的伟大世界溶解了！

——我忘了买我重游的预约了，这是如何令人怅惘而伤心的事！

……她是如何的可爱！我虽不曾认识她的面孔便知道了。她是又标致、又温柔、又美丽的一个女人，人间的美，女性的美，她都一人占有了。她必是穿着淡紫色的旗袍，她的头发必是漆黑有光，……我从她那拂过我耳朵的微笑声，攒进我心里的清歌声，可以断定我是猜想的一点不错。

她的歌是生着一对银白薄纱般翅膀的：不止能跑到此时同她在一块用一块或两三块洋钱买她歌声的那俗恶男子心中去，并且也跑进那个在洋槐背后胆小腼腆的孩子心里去了！……也许还能跑到这时天上小月儿照着的一切人们心里，借着这清冷有秋意夹上些稻香的微风。

歌声停了。这显然是一种身体上的故障，并非曲的终止。我依然靠着洋槐，用耳与心极力搜索从白花窗幕内漏出的那种继歌声以后而起的窸窣。

沈从文在作品中抒发了自己因为贫寒而导致内心的自卑、压抑，并因此而产生的一种自伤、孤独，让人感触很深。林宰平在引录文章后谈了自己的看法：“上面所抄的这一段文章，我是作不出来的，是我不认识的一个天才青年休芸芸君‘遥夜’中的一节。休芸芸君听说是个学生，这一种学生生活，他是很曲折的深刻的传写出来，——‘遥夜’全文俱佳——实在能够动人。”

林宰平最后结论："我们以为现在学生们，尤其大学生，应该有一个共同的目标，即是立志要在天地间做一个人，不要随随便便混过了有用的光阴。……改良社会可先改良学校，立志做人要先立志做好学生，万事不可待诸将来。眼前一举一动，就是毕生成败的关头……总而言之，统而言之，虚伪与堕落，是我们的公敌，大家非拿革命的精神硬把他打破不可！"

从林宰平对沈从文文章的评论看，他对当时一批学生是抱有热望和感慨的，可他的确不了解这位"非学生""休芸芸"当时的生活情况。林宰平的这篇文章是在徐志摩的"欣赏"之前（徐志摩担任《晨报副刊》主编是在这一年的 10 月）发表的，从内容上尽管充满了对这位作者"学生"的教诲，可是沈从文却从中感觉到了另一番欣赏和鼓励。根据沈从文后来回忆，当时《晨报副刊》的价格是每份三分钱，他因为没有钱无法去买一份《晨报副刊》，因此只能在四天后才看到林宰平的文章。沈从文说，是一个朋友在《晨报副刊》上看到了林宰平的文章里涉及自己的作品还有评价，所以专门送给沈从文看。

沈从文读了林宰平的文章之后感触很大，尽管当时不知道"唯刚"是谁，可从文章的内容上分析，"唯刚"应该是教育界非同一般的人物。从这个角度分析，那文章中所触及的学生肯定是大学生。沈从文经过反复思考，就想给"唯刚"写封信，可又不知道地址，最终就将信寄到《晨报副刊》社，请"副刊记者转唯刚先生"收。副刊编辑部经过研究后，就将沈从文的信作为作品发表了，时间是在当月的 20 日。沈从文在信里说："觉得自己无聊简直不是一个人，惶恐惶恐……可惜我并不是个大（中也不）学生……我虽不是学生，但当先生说‘听说是个学生’时，却很自慰。想我虽不曾踹过中学大门，分不清洋鬼子字母究竟是有几多（只敢说个大概多少个吧），如今居然便有人以为我是大学生！”

沈从文随后在信中介绍了自己的“非学生”经历，说明自己没能走进大学校门的原因。沈从文还说自己做文学创作的目的——就是为了混口饭吃：“不消说，流浪了！无聊（实在找不出聊）与闲暇，才学到写文章。想从最低的行市（文章有市价，先生大概是知道的）换两顿饭吃，萎萎蕤蕤活下去再看。”沈从文对于林宰平在文章中有可能是针对自己的议论也做了辩解：“若先生有命到过学堂，——以及别的命好能读书的人，当然要‘立志做人’、立志‘做好学生’，揹着什么‘毕生成败关头’。我呢？堕落了！当真堕落了！然当真认到我的几个人，却不曾说过‘虚伪’。……当然不是什么立志改良社会，有作有为，尊严，伟大，最高学府未来学者的应有事情。人生的苦闷，究竟是应当或否？我想把这大问题请学者们去解释。至于我这种求生不得，于生活磨石齿轮下挣扎着的人呢？除了狂歌痛哭之余，做一点梦，说几句呓语来安置自己虚空渺茫的心外，实在也找不出人类夸大美满的梦来了！”

沈从文在结尾针对林宰平希望青年人应该“替社会做事业”的总体思想做了这样的回答：“这些是有用人做的。我却只想到写自己生命过程所走过的痕迹到纸上。”

从沈从文给林宰平的信中可以看出，沈从文当时首先要解决的问题是生存问题，至于林宰平说改良社会的远大抱负，似乎距离沈从文还很遥远。不过，林宰平当时引用沈从文的那节文字时，尽管不了解沈从文当时的生活情形，可对其表现内容的文笔非常欣赏，赞誉沈从文为“天才青年……这一种学生生活，经他很曲折的深刻的传写出来，——‘遥夜’全文俱佳——实在能够感动人。”

在北京漂泊两年之久、尝尽生活艰难的沈从文很有自知之明，他对林宰平“大学生”的评价感到了莫大的满足。要知道，沈从文来北京的目的就是想走进大学校门，当一名大学生，好好学习。沈从文感觉林宰平把自己当成在校大学生，恰恰证明了自己已经具备了大学生的文化水平，可以给自己曾经不被大学录取挽回一些面子。现在，沈从文见到这样的文章当然是求之不得，这让刚刚踏上文学创作之路的沈从文提高了信心，让正在黑暗中四处摸索的沈从文看到了久违的光明。通过林宰平的那篇文章，也引起了社会上一些人对沈从文的注意。

后来，林宰平教授开始对沈从文百般照顾，请沈从文到自己家畅谈，对一些写作上的事情给予指点。林宰平了解沈从文当前的艰难处境后，就说：“找个差事生活，这很容易，我可以替你想办法。但是，你要坚持自己的理想，这困难就很大。”林宰平和梁启超是好朋友，就把沈从文介绍给梁启超认识，这对当时的沈从文是一个莫大的鼓舞。众所周知，梁启超在中国近代历史上尤其在思想领域有一定地位，而沈从文在此前也曾多次拜读过梁启超的文章。这次能够和梁启超谈话，沈从文受宠若惊。

第四节 在北京西山

民国初立时期，梁启超曾经出任司法总长的职位，而当时的民国总理就是熊希龄。因此，梁启超和熊希龄关系深厚。当梁启超得知沈从文和熊希龄的亲戚关系之后，就把沈从文引荐给了熊希龄。

其实，沈从文在来北京之前就知道自己在北京的两位有势力的亲戚熊希龄和黄镜铭。刚到北京时，他还曾经和黄镜铭有过一次畅谈的经历。从关系上说，黄镜铭是沈从文的亲舅舅，而熊希龄相对要疏远一些（他的七弟是沈从文的姨夫，沈从文差点儿成为熊希龄的侄女婿）。

仔细考虑一下，我们很快就会发现问题：沈从文本身和熊希龄有亲戚关系，为什么不自己去找，反而要通过新结识的朋友来找熊希龄？这个问题，后来很多人询问过沈从文，沈从文对此不愿多说。毕竟，“侯门深似海”。或许，当时深陷困境的沈从文曾经寻找过熊希龄，而熊希龄不愿意伸手帮助。郁达夫曾经有句话这样描述熊希龄，“慈和笑里的尖刀”，这可能让沈从文退避三舍。不过，不管怎么样，沈从文毕竟和熊希龄是老乡，还有半个亲戚关系，二人在事业上都建树非凡，这下在西山有了交流的机会。

熊希龄是民国时期著名的慈善大家，一生曾经做过很多的慈善事业。当时，熊希龄正在办理香山慈幼院，还缺少一个图书管理员。这样一来，正在北京四处游荡的沈从文就顺理成章地开始在熊希龄手下当差。

沈从文到香山任职是在1925年7月的一天，他来到西山后在一座寺庙门楼的小屋子里居住，而当时的熊希龄正住在双清别墅公馆(清朝乾隆皇帝曾经留住这处别墅)，二人正好是邻居。这样一来，二人交往聊天的机会就多了。每到晚间，熊希龄就和沈从文在一起畅谈哲学、思想、时事等方面的问题。香山的古松树下、沈从文住所到香山寺废墟的台阶上，都是二人闲聊的场所。根据沈从文后来的回忆，熊希龄经常和沈从文谈话到深夜，还时常询问沈从文很多知识，似乎是在“考试”。后来，熊希龄就推荐沈从文到北京大学图书馆，让袁同礼教授沈从文编目学和文献学。袁同礼第二年就担任北京大学图书馆馆长了。后来，沈从文就到北京大学附近居住，但后来很快又回到了香山。

沈从文很清楚，熊希龄想培养自己去做图书管理方面的工作，但具备文艺天赋的沈从文对图书管理方面的知识丝毫不感兴趣。在图书馆工作的这段时间，沈从文也都是在抓紧时间读书或者搞文学创作，他始终没有放下手里的笔。相反，在和熊希龄的这段交往中，沈从文老是无法融入熊家的那种绅士派风格当中，他感觉自己和这种人之间有一道无法逾越的鸿沟。从这个角度上说，依然想在文学的路上发展的沈从文是想挣脱熊希龄的束缚的。

沈从文的这种思想在他的作品《棉鞋》里体现了出来。在这部作品中，主人公因为经济原因不能穿到一双体面的棉鞋，结果他在大庭广众之下非常难堪。当他穿着一双破旧的布鞋走过去的时候招来了香山图书馆馆长的蔑视，随后是游客们挖苦嘲笑的眼光。沈从文在《棉鞋》中这样描述：

……他坐下，我坐下，攀谈起来。天上地下，我的话似乎略略引起了点在旁边少年的诧异。不幸的是我脚跷起时，两只大棉鞋同时入到老少两人的眼里。富有诗意潇洒少年，很小心的走到池的那旁去问老者，老者也太老实了，便乱为我估价！我若当时只说自己是个导游人，少年对于我的棉鞋就不会看出什么文章了。也许那么充一次导游人，一双新鞋会从少年衣袋中跃出来。

我有点后悔，竟眼看着他们慢步踱出门去。

到了夜里，日头刚沉过山后去，天上罩了些灰色云。远山还亮着，又没有风，总不会有雨吧！

我追赶我的命运，无聊无赖地又从旅馆这面大路一歪一拐上到半山亭。路上只碰到三个短衣汉子，肩扛锄头，腰悬烟袋，口上哼哼唧唧唱些不知名的歌曲。这是回家休息的工人，并非赏玩西山晚景的先生。其无意于天上的云，远村的烟，同我一样……

…………

棉鞋还未脱去的人，当然不应去羡慕别人。

天是更黑下来了。眼睛昏瞀的我，五步外，分不出对面来人是谁。看看挨身了，暂时都不走动。

“唔哈，是沈，你怎么?”是我们的上司，教育股股长先生。

他用手上那支小打狗棒敲打我的鞋子，我以为他是问我这夜里到山上做什么，或是脸上颜色怎么，但接着他又打了我鞋子一下：“怎么，鞋子——”意思是怎么不扯上，不雅观。我领会了：“烂通底了。没有买鞋的能力，所以——”他不让我说完，笑了笑，就走了。

至于我为什么要把这些话说给上司听呢，过后我自己也想不出第二个较好的回答，因为对上司不能说俏皮话，也开不得玩笑，所以才——是天做的戏谑吧。太黑暗了，分不出我脚上穿的究竟是什么一种鞋，使我上司但从鞋的彳亍彳亍怪声音上断定我的罪过，不但不原谅我的苦衷，临行给我那个微笑，竟以为我有意不雅观。不雅是对的。但是，上司！你要我怎么个雅法呢？我固然样子还年轻，很能充斯文人，摇摇摆摆来走路；然而我是个不中用的人……

小说中居然还透露出"那位穿破旧布鞋的人"姓沈，且不说其中的主人公是不是沈从文，但他在香山慈幼院招来反感是肯定的。

沈从文还有一篇小说《第二个狒狒》，讽刺了极会巴结逢迎的西山教务长：

……武库中，十八般武艺用的家伙似乎都全了！只是没有实弹的短铳与敷有毒药的箭头；这是因为这位狒狒在此原是做拳术武技教师的缘故。

大家大概是都愿意认识这位狒狒的！不过他所能介绍给大家的，还很少很少。因为他是初来。过几天，若是狒狒的故事在他时有机会知道，他自然极乐于报告给你们。

狒狒是有趣的人，这有趣从狒狒嘴巴上那一撮短短胡子就可以知道。自然我们从狒狒桌上墙上那些东西中，亦可认定狒狒是一个趣人。

当初见狒狒时，他是藏在一个瘦长子办事员身后。那是昨天，这瘦长子一直把他引到狒狒武库中来。狒狒面上有了很可爱的笑容，对这年少生客，显然是很欢迎了。

“贵姓?”

“休”，他答时，正望到那壁上一些怪模怪样的兵器。

“是湖南吧?”

…………

……当他不知不觉被一个少爷推送到前面第五排正中一个座上时，回过头来，却只见我们狒狒先生正在极左靠边处拣到一个空座位。怎么狒狒不进来呢？这里空座还多呀！不久，他就明白了，原来前面一排是老爷，而他是充混在国戚与皇亲之中的人！狒狒资格却不够。这只使他不幸，因为得到这么一个好位子。夜里九点钟后，当老爷引着两个小玩物再挪上前一排时，空座上即刻就填上了两个奇丽肉体……

沈从文的这篇《第二个狒狒》在《晨报副刊》发表后，那位教务长对他非常不满意。随着时间的推移，沈从文似乎越来越胆大，他居然将讽刺的目标瞄向了熊希龄。

沈从文在随后的一篇小说《用A字记下来的故事》里透露的内容是熊希龄难以忍受和无法原谅的。在这篇小说中，沈从文居然用不屑的口吻描述了香山的一次生日宴会，到场的宾客3000人之多。按照当时情况的分析，这次盛宴或许是熊希龄的55岁大寿庆典。沈从文在作品中塑造了一位备受社会歧视的青年形象，而这个人物对宴会中的男宾客都充满了厌倦。但是，盛宴中的那些满身香气的时髦少妇却敢于和这位青年接近。于是，这位青年人就因此产生了无限的遐想，他想拥抱、抚摸……这样的写法不能不引起人们的揣测，而最反感的恐怕就是熊希龄了。当时的熊希龄在北京影响很大，可自己身边有一个时不时写一篇小说、说不定会讽刺谁的年轻人，他肯定受不了。

沈从文的文章不断在报刊上登载，而不愉快的事情也接踵而来。比如《棉鞋》中曾经提到一位办事员给自己说的一些话，《狒狒的悲哀》提到某些女人在一次拜寿的剧场里曾经给予自己的烦恼。为了这些，沈从文不断受到威胁和教训，还有人放言准备让沈从文更加难堪。沈从文后来在 1931 年重新回到北京才明白其中的原因，这些人和事都有一种“寄生”的东西在里面。沈从文觉得世界上有两种职业比较普遍，要么以阿谀奉承为职业，要么以阿谀奉承为营养，而沈从文感觉自己属于这两个阶级之外的人。因为沈从文的不明世故，所以他得到了某些教训，不过很轻微。然而，沈从文在当时不明白其中的原委。

这样一来，沈从文不得不离开香山了。

从整体上看，沈从文在西山的生活的确让他在北京有了暂时的喘息机会，最明显的就是生活上他不必过于操心。在香山，沈从文可以在寺院楼阁里面随意散步，这些在沈从文的作品里能够看到一些痕迹。1980 年 6 月，沈从文接受美国学者金介甫的采访。金介甫专门问及他为什么会突然离开香山，跟熊希龄不辞而别。沈从文说是为了取得独立，“也为了其他一些原因”。1981 年 4 月 11 日，沈从文在《湘江文艺》座谈会上的讲话中也说：“我有机会到熊希龄身边去做事情，那是我们中国的一位总理，又是我的亲戚，他对我很好的。我自己偷偷跑了，离开了……我自己只想写小说，而且只想独立写小说。”

其实沈从文在《给璇若》一诗中透露了他离开香山和熊希龄的真正原因：

难道是怕别人“施恩”，
自己就甘做了一朵孤云，
独飘浮于这冷酷的人群？
竟不理旁人的忧虑与挂念，
一任他怄气或狂癫，
——为的是保持了自己的尊严！

沈从文为了保持自己的尊严和人格独立，拒绝了作为同乡加亲戚的熊希龄的“施恩”。他之所以在自己处境最艰难的时候，宁愿忍饥挨饿也不去向熊希龄求助乞怜，也是为了取得自己支配自己的自由。

对于熊希龄，家乡凤凰人对其褒贬不一，其中也包括沈从文。熊希龄曾经担任民国总理，是凤凰人的骄傲，当时凤凰人曾经以“熊凤凰”尊称熊希龄。不过，熊希龄因对袁世凯称帝一事没有能明确表示反对的态度而招来了批评，并且他也没有在改变湘西尤其凤凰一代落后的经济状况中作出努力。因此凤凰城有部分人对熊希龄颇有微词。黄永玉的父亲黄玉书就曾经斥责过熊希龄。

不过，值得肯定的是，熊希龄是民国时期中国政坛上不可缺的人物之一，尤其他在慈善事业方面的成绩人们有目共睹。中国伟人毛泽东和周恩来都对熊希龄有很高的评价。

沈从文在北京和熊希龄的这段交往，只能说明沈从文在文学事业上已经有了一些长足的发展，证明了沈从文的一些文学作品已经在某种程度上得到了社会上某些人的首肯。不过，文学事业是沈从文毕生钟爱的事业，他不会因为熊希龄的器重而从事图书馆事业的。因此，沈从文最终走向人格的独立绝对是一种必然。

第五节　迷　　茫

从西山下来之后，沈从文在北京再次陷入穷困状态。这段时间，沈从文写了几篇描述当时自己穷困状况的小说，中间还透露说有几位朋友曾经劝说自己，说穷一点儿不可怕，关键还是要保持正直的人格。沈从文之前在湘西保靖当兵时也曾贫困过，但此时居然连衣服也混不到身上，这样的穷困沈从文还的确没有品尝过。沈从文喜欢看书，也需要通过看书来充实自己，在如此困境中想要不断看书非常困难。他去东城一家书摊上浏览，假装反复挑选发赖不走，以此寻找看书的机会。有时候稿费接不上手，沈从文两三天不吃饭苦苦支撑。因此，沈从文这段时间身体虚弱，以至于常常流鼻血，可到了医院之后居然连两毛钱的挂号费也拿不出。据说，沈从文常常一只手拿着笔进行写作，而另一只手还要拿块破布来捂住流血的鼻子。因此，沈从文这段时间的一些自传体小说里常常提及呼吸道之类的疾病，这和当时沈从文的身体状况有直接关系。

在如此艰难的环境下，沈从文依然孜孜不倦地创作，还要省出钱来接济母亲和妹妹。沈从文刚刚到北京的时候居住在湘西人开办的西西会馆，这家会馆的老板发现自己和沈从文沾亲带故，就没有收取沈从文的房租。后来，沈从文为了在大学旁听或者学习，就开始在大学周围的破旧阴暗的小公寓里凑合对付着住。汉园公寓临近北京大学，老板也非常喜欢文学创作，因此对文学青年情有独钟，何其芳、卞之琳、李广田都在此居住过。这三位诗人后来出诗集《汉园集》而让这家公寓声名远扬。沈从文也在这样的公寓里混迹，还住过放煤的仓库，窗户就是在墙上打个洞而已。即便是这样的房子，沈从文还常常因为拖欠房租被老板撵走。

当时，北京城像沈从文这样穷的学生很多，到了交房租的时间因推诿被赶走的年轻人比比皆是，因此沈从文也感觉自己的状态很正常。

沈从文在外闯荡的生活经历很丰富，养成了在艰苦环境下生存的能力。因此，这段时间，沈从文一方面想办法生存下去，另一方面自己的文学创作事业依然在继续。沈从文广交北大、燕京、农大等大学生朋友，还要算计在饭点时间到宿舍去找他们，和他们探讨文学上的事情，同时也得到“蹭饭”的机会。沈从文回报这些大学生的办法就是替他们写写作文，偶尔还代写情书。沈从文的交友战略是首先从亲戚老乡入手，然后向周围扩展。北京农学院的学生黄村生是沈从文表弟，作品《棉鞋》中的那双鞋就是这位表弟送给沈从文的新年礼物。当时，表弟为了沈从文的这件礼物曾经典当了自己的西服。黄村生比沈从文小两岁，具有城市生活经验，他帮助沈从文在北京大学附近居住下来。这位表弟不赞成表哥迷恋古玩，想办法将沈从文拉回了现实生活中。

当时，蔡元培在北京大学主政，广开门户，向民众开放旁听。这样一来，一些文学青年找到了去北大学习的机会，以至于有时候旁听生和在校学生的比例达到三比一。沈从文当时已经认识了胡也频和丁玲，三人一起在北大学习日文，都梦想有朝一日能够到日本去留学。

沈从文在北京农学院曾经和七位湖南老乡成了朋友，这样他可以从农学院的农场搞到一些农产品，比如大白菜之类，然后用马车拉进城，在宿舍挖菜窖储存起来慢慢食用。另外，沈从文在燕京大学认识了老乡张采真，还有天津人、学生会主席董秋斯。董秋斯在学生界朋友很多，沈从文通过董秋斯还认识了很多的老乡朋友。

当沈从文用笔名"休芸芸"创作的作品在北京一家杂志上发表之后，两位编辑专门找到沈从文认真谈了一次，勉励沈从文写下去。此举让沈从文精神焕发。文章发表以后沈从文不仅有收入，还在文学路上找到了朋友……当时的沈从文好像第一次在北京城看到了红彤彤的太阳。

尽管沈从文后来感觉自己当初发表的作品不会有人齿及，但毕竟是发表了，他还因此结交了两位文学界的朋友。有时候沈从文就想：假如当时来住处寻找自己的不是那两个编辑，而是照相学校的校长，说不定自己就会向那条路上走去。人的成功有时候就在一瞬间、一念间，短时间出现的机缘就会造成人生的成功。人生路上有很多的岔路口，就看机缘引领人往哪条路上走了。

当时文学路上的实际情况是，作者不可能从文学上得到什么东西，说白了就是用文学创作养活自己很困难。鲁迅当时假如放弃了教育部和大学讲师的职位去专门依靠译作收入生活，那情况肯定也就不妙了。此前，沈从文唯一的一次收入是《晨报副刊》五毛钱书券的报酬，而这一次居然登载了文章，而且结识了编辑还有了收入。沈从文感觉今后说不定可以挣到20块钱，生活从此可以改善了。尽管有点儿不合乎实际，但这是沈从文的梦。

北京的春天来了。沈从文暗暗下决心，希望在这个春天能有所成就。但是，实际情况的发展依然困难，曾经让沈从文寄予很大希望的《民众文艺》停刊了，沈从文的生活依然困窘。

在曾经让沈从文充满希望的春天里，沈从文只能每天坐在狭小的屋子里，默默地望着屋内比天气更加潮湿的砖地，实在无聊就望一望窗口春雨后院子里的积水。沈从文反复地考虑着一个难以回避的问题，那就是自己如何能生存下去，是不是应该离开这里？是不是应该寻找别的活路？沈从文常常走出来，然后遥望西单一带的街景，偶尔还能在人群中看到晃动的小旗子。

在《晨报副刊》开始登载沈从文的文章之后，沈从文在文学路上才慢慢有了起色，这也是他在北京走出窘迫生活的一个开端。当时，《晨报副刊》会计处的出纳科有位姓郑的矮个办事员，他每到月底需要通知作者发稿费，而其中有个叫“休芸芸”的瘦高身材的白脸青年给他留下了深刻的印象。当因为某些原因不能马上取到钱时，那个白脸年轻人会老老实实站在一旁等候。沈从文每次可以取到四元到十二元不等，可每当走出《晨报副刊》大门时，都要被曾经帮助自己去问话的门房拦一下。沈从文不得已，必须从取回的钱中拿出两毛或者三毛交给门房，算作小费。假如取回的钱里没有零钱，门房就会指出能换取零钱的铺面，似乎有一种不得到小费誓不罢休的架势。这样一来，沈从文每回总要有500字的稿费交给门房。沈从文感觉这就是规矩，人间在某些事情上必须要出一些小费才能通融一下。

沈从文每次拿到钱总有不知道将这钱交给谁的感觉，可见他当时在北京非常需要朋友。满叔远、唐伯赓、项拙、胡也频……他们都是曾经注意到沈从文文章和名字的人，他们在沈从文刚刚写文章时就已经成了沈从文的朋友。在这种友谊的鼓励下，沈从文在北京终于站稳了脚跟。但是，没有多长时间，这些人就静静躺在了另一个世界里了，成为沈从文心里不可忘却的一种记忆，而沈从文依旧在写文章。

有了几位朋友可以交往，还有地方能够发表文章挣到几块钱，再加上北京夏天非常适宜的气候，沈从文感觉北京城终于对自己露出了笑脸。但是，友情本身不能做房子用，为了能吃上馒头和肉，当有人给沈从文创造机会时，沈从文毫不犹豫地答应了下来。

不过，到了20年代后期，沈从文和这些朋友逐渐失去了联系。其中的原因很多，学生毕业之后都不知去向。其中，北京农学院的八位老乡朋友中的六位后来都成了湖南农会的领导人，在1927年国民党的“清党”活动中被杀死。沈从文在燕京大学交往的十几名朋友，多数都参加了1927年的武汉和广州的革命，多数都为革命献出了生命。

第六节　徐志摩的关心

沈从文到北京的最初日子里只有一些小品文在报刊上登载，而真正有作品正式发表是在北京《晨报副刊》上。

1924年底的时候，沈从文终于在《晨报副刊》开始发表一些后来被沈从文自己称作“素材”的散文、诗歌等小作品，尽管每月只有几块、十多块的稿酬收入，但这对当时的沈从文来说已经可以靠自己吃饭了。接下来，沈从文的文学路上再次出现一位天使般的人物，他就是从欧洲归国不久、《晨报副刊》的新任主编、大名鼎鼎的诗人——徐志摩。

徐志摩在1925年已经在中国诗坛享有盛名，他归国之后在10月1日受朋友的邀请出任《晨报副刊》的主编。报纸天天出，需要的稿子量很大，徐志摩就感觉稿件有些不足。徐志摩在作品上非常认真，一般来者的稿子他看不上眼，所以，他除了去邀请自己认为水平较高的作家写稿之外，自己也不得不开始埋下头来加入作者的行列。除此之外，徐志摩依旧还要努力从来稿中选择比较优秀的稿子。这样一来，文笔不错而又具备丰富阅历的沈从文就进入了徐志摩的视野，也因此开启了二位文学大师的友谊。和沈从文素昧平生的徐志摩看了沈从文的作品后，很欣赏沈从文的才华，就努力在《晨报副刊》多发他的作品，最终让沈从文在文学创作的路上走向了成功。从此，沈从文和徐志摩结下了非同一般的友谊。徐志摩在沈从文人生最艰难困苦的时期，给予了他雪中送炭一般的帮助，沈从文铭记终生。

沈从文经过徐志摩在《晨报副刊》发表的作品，第一篇应该是《一天是这样过的》，时间是在1925年10月21日，正是徐志摩接手《晨报副刊》主编的第一个月。也就是说，徐志摩归国担任北京《晨报副刊》主编的第一个月就和沈从文在文学创作上产生了共鸣。而就在五天之后的当月26日，沈从文的第二篇作品《夜渔》再次以笔名“休芸芸”在《晨报副刊》发表。接下来，沈从文第三篇《卖糖复卖蔗》在10月29日又一次出现在《晨报副刊》上。在一个月之内连续在一家报刊上发表三篇作品，形式包括散文、小说和诗歌，足见沈从文在当时徐志摩心中的位置。要知道，当时在《晨报副刊》上发表文章的都是胡适、梁启超、凌淑华、刘海粟、闻一多、朱湘、赵元任、冰心等一些国内外的文学名家。沈从文能够和这些当时的名家在一家报刊上发表文章，对于当时正在文学道路上苦苦摸索前行的沈从文来说犹如大海上失去方向的船只看到了岸边的航标灯。

身为主编的徐志摩在第二个月破例给沈从文发表作品达七篇之多。要知道，《晨报副刊》编辑部不久前还曾经奚落过沈从文的作品。沈从文可以说是“在哪里跌倒还在哪里爬起来”。从一名旧式军人转变成一位文学青年的沈从文之所以能够成长为中国的文学大师，徐志摩功不可没。

在这些作品中，其中一篇是二位大师友谊里程碑式的作品。1925年11月11日，《晨报副刊》登载了沈从文的散文《市集》。沈从文的文章和徐志摩的评价是这样的：

市集

作者　休芸芸（沈从文）

…………

照例的三八市集，还是照例的有好多好多乡下人，小田主，买鸡到城里去卖的小贩子，花幞头大耳环丰姿隽逸的苗姑娘，以及一些穿灰色号褂子口上说是来察场讨人烦腻的副爷们，与穿高筒子老牛皮靴的团总，各从附近的乡村来做买卖。他们的草鞋底半路上带了无数黄泥浆到集上来，又从场上大坪坝内带了不少的灰色浊泥归去。去去来来，人也数不清多少。

集上的骚动，吵吵闹闹，凡是到过南方（湖湘以西）乡下的人，是都会知道的……

……卖猪的场上，他们把小猪崽的耳朵提起来给买主看时，那种尖锐的嘶喊声，使人听来不愉快至于牙齿根也发酸。

卖羊的场上，许多美丽驯服的小羊儿咩咩地喊着。一些不大守规矩的大羊，无聊似的，两个把前蹄举起来，作势用前额相碰。大概相碰是可以驱逐无聊的，所以第一次“訇”地碰后，却又作势立起来为第二次预备。牛场却单独占据在场左边一个大坪坝，因为牛的生意在这里占了全部交易四分之一以上。那里四面搭起无数小茅棚（棚内卖酒卖面），为一些成交后的田主们喝茶喝酒的地方。那里有大锅大锅煮得“稀糊之烂”的牛脏类下酒物，有大锅大锅香喷喷的肥狗肉，有从总兵营一带担来卖的高粱烧酒，也还有城里馆子特意来卖面的。假若你是城里人来这里卖面，他们因为想吃香酱油的缘故，都会来你馆子，那么，你生意便比其他铺子要更热闹了。

…………

到这天，做经纪的真不容易！脚底下笼着他那双厚底高筒的老牛皮靴子（米场的），为这个爬斗，为那个倒箩筐。（牛羊场的）一面为这个那个拉拢生意，身上让卖主拉一把，又让买主拉一把；一面又要顾全到别的地方因争持时闹出岔子的调排，委实不是好玩的事啊！

大概他们声音都略略嚷得有点嘶哑，虽然时时为别人扯到馆子里去润喉。不过，他今天的收入，也就很可以酬他的劳苦了。

……

因为阴雨，又因为做生意的人各都是在别一个村子里住家，有些还得在散场后走到二三十里路的别个乡村去；有些专靠漂场生意讨吃的还待赶到明天那个场上的生意，所以散场很早。

不到晚炊起时，场上大坪坝似乎又觉得宽大空阔起来了！……再过些时候，除了屠桌下几只大狗在啃嚼残余，因分配不平均在那里不顾命地奋斗外，便只有由河下送来的几声清脆篙声了。

归去的人们，也间或有骑着家中打筛的雌马，马项颈下挂着一串小铜铃叮叮当当跑着的，但这是少数；大多数还是赖着两只脚在泥浆里翻来翻去。他们总笑嘻嘻地担着箩筐或背一个大竹背篓，满装上青菜、萝卜、牛肺、牛肝、牛肉、盐、豆腐、猪肠子一类东西。手上提的小竹筒不消说是酒与油。有的拿草绳套着小猪小羊的颈项牵起忙跑；有的肩膀上挂了一个毛蓝布绣有白四季花或“福”字“万”字的褡裢，赶着他新买的牛（褡裢内当然已空）；有的却是口袋满装着钱心中满装着欢喜，——这之间各样人都有。

我们还有机会可以见到许多令人妒羡、赞美、惊奇，又美丽、又娟媚、又天真的青年老奶（苗小姐）和阿玡（苗妇人）。

一九二五年三月二十日于窄而霉小斋作。

附一

这是多美丽多生动的一幅乡村画。

作者的笔真像是梦里的一只小艇，在波纹瘦鳒鳒的梦河里荡着，处处有着落，却又处处不留痕迹。这般作品不是写成的，是“想成”的。给这类的作者，批评是多余的，因为他自己的想象就是最不放松的不出声的批评者。奖励也是多余的，因为春草的发青，云雀的放歌，都是用不着人们的奖励的。

——志摩的欣赏

附二

关于《市集》的声明

志摩先生：看到报，事真糟，想法声明一下吧。近来正有一般小捣鬼遇事寻罅缝，说不定因此又要生出一番新的风浪。那一篇《市集》先送到《晨报副刊》，用“休芸芸”名字，久不见登载，以为不见了。接着因《燕大周刊》有个熟人拿去登过；后又为一个朋友不候我的许可又转载到《民众文艺》上——这次又见，是三次了。小东西出现到三次，不是丑事总也成了可笑的事！

这似乎又全是我过失。因为前次你拿我那一册稿子问我时，我曾说统未登载过，忘了这篇。这篇既已登载过，为甚我又连同那另外四篇送到晨报社去？那还有个缘由：因我那个时候正同此时一样，生活悬挂在半空中，伙计对于欠账逼得不放松，故写了三四篇东西并录下这一篇短东西做一个册子，送与勉己先生，记到附函曾有下面的话——“……若得到二十块钱开销一下公寓，这东西就卖了。《市集》一篇，曾登载过……”

至于我附这短篇上去的意思，原是想把总来换二十块钱，让晨报社印一个小册子。当时也曾声明过。到后一个大不得，而勉己先生尽我写信问他请他退这一本稿子又不理，我以为必是早失落了，失落就失落了，我哪来追问同编辑先生告状打官司的气力呢？所以不问。

不期望稿子还没有因包花生米而流传到人间。不但不失，且更得了新编辑的赏识，填到篇末，还加了几句受来背膊发麻的按语纵无好揽闲事的虫豸们来发现这足以使他自己为细心而自豪的事，但我自己看来，已够可笑了。且前者署“休芸芸”，而今却变成“沈从文”，我也得声明一下：实在不能因此给了虫豸们一点钻蛀的空处，就让他永久是两个不同的人名吧。

从文于新窄而霉斋

从文，不碍事，算是我们副刊转载的，也就罢了。有一位署名“小兵”的劝我下回没有相当稿子时，就不妨拿空白纸给读者们做别的用途，省得掺上烂东西叫人家看了眼疼心烦。

我想另一个办法是复载值得读者们再读三读乃至四读五读的作品，我想这也应得比乱登的办法强些。下回再要没有好稿子，我想我要开始印《红楼梦》了！好在版权是不成问题的。

志摩（点评）

以上文字都在《晨报副刊》上登载，读者在欣赏沈从文作品的同时，也看到了著名诗人、主编徐志摩的评价。通过作品下面徐志摩和沈从文二人的留言可以看出，他们在文学创作和欣赏方面已经产生了共鸣。在徐志摩以及《晨报副刊》的推荐下，沈从文的作品和名字开始在多家报刊频频出现。随着时间的推移，沈从文的文学事业开始蒸蒸日上：

1926 年，沈从文第一部多样文体的合集《鸭子》在北京北新书局出版；

1927 年，在徐志摩的运作下，上海新月书店出版了沈从文第一部小说集《蜜柑》。

…………

后来，徐志摩带领沈从文去参加各种诗歌朗诵会，这对提高沈从文的诗歌创作能力很有帮助。沈从文在 1925 – 1926 年经常跟随徐志摩去参加这种集会，场所基本都在集著名学者、作家和诗人于一身的闻一多教授家中。在这种场合里，沈从文见到了朱缃、刘梦苇等著名诗人，还有陈源、丁西林等著名评论家。可以说，是徐志摩带领沈从文进入了当时中国的文学圈。

沈从文在 1936 年出版的《从文小说习作选集》“代序”里，写下了这样一段由衷之言：

同时还有几个人，特别值得记忆，我也想向你们提提：徐志摩先生，胡适之先生，林宰平先生，郁达夫先生，陈伯通先生，杨今甫先生，丁西林先生，这十年来没有他们对我种种帮助和鼓励，这本集子的作品不会产生，不会存在。尤其是徐志摩先生，没有他，我这时节也许照《自传》上所说到的那两条路选了较方便的一条，不到北平市去做巡警，就卧在什么人家的屋檐下，瘪了，僵了，而且早已腐烂了。

1931年秋，沈从文在胡适、徐志摩的推荐下去青岛大学任教。有一天，他得到了徐志摩飞机失事的消息。当时，在青岛大学任教有很多徐志摩的好友，诸如闻一多、梁实秋、赵太侔、孙大雨、陈梦家等，但最终只有沈从文一人搭夜车去了济南，为徐志摩送了最后一程。三年之后，沈从文为了纪念徐志摩写了一篇《三年前的十一月二十二日》，在文章中对徐志摩给予了高度评价：

我以为志摩智慧方面美丽放光处，死去了是不能再得的，固然十分可惜。但如他那种潇洒与宽容，不拘迂，不俗气，不小气，不势利，以及对于普遍人生万汇百物的热情，人格方面美丽放光处，他既然有许多朋友爱他崇敬他，这些人一定会把他那种美丽人格移植到本人行为上来……

第七节　北京三人行

1925年，沈从文通过投稿认识了《京报副刊》的编辑胡也频和项拙，因此也让沈从文结识了文学道路上的一对知己：胡也频和丁玲。他们三人同是文学青年，都是刚走进中国文学圈子里的新人，同样有着的爱好，同样有着对文学事业孜孜不倦的追求精神。从这个角度上说，这对夫妇对沈从文在文学道路上的前进起到了很重要的作用。沈从文在《从文自传》中用了很大的篇幅来写他们三人的关系。从相识一直写到胡也频加入左翼作家联盟之后遇害。

沈从文的《从文自传》中显示，沈从文和胡也频、丁玲夫妇认识是在 1923 年。后来经过考证，他们的认识时间是在 1925 年。也就是说，沈从文在文学道路上已经显出了水平之后才结识的胡也频和丁玲。

首先是胡也频和项拙见到沈从文的稿子之后来到了沈从文的住处了解作者。两位朋友来了之后，他们谈了很多的理想，还喝了很多的开水。沈从文感觉，当时自己的住处唯一的食物也只有白开水了。后来有一天，胡也频忽然带来了一位圆脸长眉的年轻女人。当时沈从文正坐在窗前看外面的积雪。

那女青年站在沈从文的门外不动，穿了一件灰布衣服，系了一条短短的青色绸裙子，不说话，只是望着沈从文笑。性格直爽的沈从文就问："你贵姓啊?"

"我姓丁。"

女青年随后走了进来。沈从文当时心里感觉很奇怪：这女人是一副胖子的神态，但却姓丁，这才可笑呢！等女人走后，胡也频才告诉沈从文说方才的女人并不姓丁。之所以领这位女人过来，原因是有人说沈从文长得模样"好看"。沈从文后来怀疑胡也频在说反语，因为当时他说这句话时非常含糊，沈从文也感觉从来没有人说过自己长得好看，自己更没有因为模样而被某个女人特意来到住处看过。

沈从文后来得知，那位女人姓蒋，就是《在黑暗中》的作者丁玲，她当时正在跟胡也频谈朋友。丁玲后来创作《莎菲女士的日记》震动当时的文坛，胡也频遇害后她到延安参加了八路军。不过，丁玲在当时也就是文艺青年，和沈从文一样都是湘西人，家乡距离凤凰城不远。

沈从文在熊希龄的关照下到香山图书馆工作期间养成了一种习惯：每到晚饭前都要到一个安静的地方去闲坐，看看周围的景色。十五那天，当沈从文回到住处时，发现桌子上放着一个小纸条：休：你愿意在今天见见两个朋友时，就到碧云寺下边大街××号来找我们，我们是你熟悉的人。

沈从文在香山是无助的，身份很低微。之所以上来，沈从文感觉是因为人家“是在一种近于恩惠的情形中把我收容下来”，自己周围没有朋友可以帮助的。因此，在这种情况下，沈从文看到那张字条后感觉很兴奋，决定去见那两位朋友。按照地址，沈从文首先见到胡也频，接下来二人拉着手往里走。胡也频到窗前很随意地说一句：“有客人来了，猜一下是谁?”

里面的人好像在猜，但沈从文当时也在猜。当沈从文进门后，终于看到了一张黑黑的圆脸，她依旧像半年前看到的没什么两样，但样子已经出现新媳妇的光芒。沈从文看到眼前的两个人，随后在房子里又看到一张床，接下来就在唯一的一张藤椅上坐了下来。沈从文发现屋里有一个煤油炉，炉上似乎还煮着什么东西，就猜想这位主妇在此前一定蹲在地上照料炉子上锅里的东西。

沈从文看着床说了一句：“很新鲜!”

胡也频马上说：“不新鲜了。”

接下来三人都笑了，随后他们回忆起以前曾经见面的事情，接下来还是笑。那天是中秋，黄昏时分，三人还来到香山静宜园里的一个小水池里的方头船上赏月，随便说着身边的一些事，耳边听着朦胧的音乐。到下山的时候，三人还各自在嘴里含了一片糖。

沈从文感觉这是自己到北京以来的一个迷人的中秋之夜。

三人的住处相距不远，因此后来见面的机会就多了。沈从文在学校里本来又没有朋友可以说话，于是就时常到二位朋友那里去。三个人时常说一些虚幻的话语，比如说假如每人每月能写出三万字的文章，就能得到30元的稿费。那样的话，即便是冬天没有炉子，心里肯定也是温暖的。三人先假设已经挣到了这个钱，然后盘算这钱如何用。于是，他们就设想创立一个周刊，每星期出版一次，随后谋划门口应该挂什么牌子……

沈从文在《从文自传》里提到这些情节时这样描述：

我们所希望的数目，只是那么一个小小数目，可是照一般情形看来，要得到这个，就没有那种规矩。那时去用我们最勤快最诚实的工作换取最低级的生活费的时机还很远……

当时，沈从文原来在湘西的所属部队因为汇票关系使他的生活费不能按时过来，因此沈从文在香山的微小职务在没有被赶走之前是万万不可离开的，而胡也频和丁玲后来的生活也每况愈下。

他们三人当时梦想创设一种刊物，能够给他们自己创造一种机会，让自己的作品能够和读者见面。然而，这个刊物在三人的幻想中诞生，不久就在幻想中消失了，因为三人的生活现状无法实现他们的梦想，接下来他们对创作也失去了兴趣。

当时，《语丝》杂志在读者心目中的位置很高，在一定程度上影响着北方的文学。很多著名文人的名字都能在这个刊物上出现。沈从文三人感觉无法攀登这家刊物，他们只能默默地欣赏《语丝》上的作品。有一次，胡也频将沈从文的一篇文章通过一个中间人转交到《语丝》主编周作人那里，结果发表了。当沈从文看到《语丝》上自己署名的文章时，激动得受不了。他在《从文自传》中这样描述当时激动的心情：

看到那文章的题目，感动的使我只想抱了我的朋友哭泣。想想那个可怜可笑的情形，到现在，使我同任何一个年青朋友，皆感到万分亲密的必需了。我明白那些初次拿了一点文章给世人见面时的腼腆处，我明白那个最谦卑的感情……

沈从文自始至终有一种感觉，他认为自己的文学成就是无意中得到的，感觉自己在这方面能做点事业。

后来，丁玲因为怀念家乡的母亲离开了北京，胡也频也随之而去。沈从文此时也从香山下来了，正好就搬到两个朋友此前居住的公寓。沈从文在文学界不断发展，终于在《现代评论》做了发报的职员，住处也搬到了北河沿的汉园公寓。有一天，胡也频给沈从文寄来很多诗歌，内容都是热情男人献给女人的情诗。沈从文就将这些诗歌转交《晨报副刊》或者《现代评论》去发表，当时很多人认为这些诗歌是沈从文创作的，使用的是沈从文的又一个笔名。到了 1928 年，丁玲编辑了《胡也频诗选》，人们才知道那些诗歌是出自胡也频的手笔。

丁玲似乎也在使用这个办法，就是用一样的信纸、一样的笔迹去创作。有一次，丁玲给一个人写信，一位旁人看到后误以为是沈从文写的。丁玲在创作《在黑暗中》以及其他作品时，《小说月报》的编辑叶圣陶看到丁玲的原稿，首先确定作者就是胡也频和沈从文，他当时没有想到在这两人之外，还有一个女士的笔迹也与他二人非常雷同。不过，从这些事例也已看出，沈从文、胡也频和丁玲，三人的笔迹非常相似，以至于到了难分彼此的地步。当时的沈从文已经在中国文学界有了一定知名度。正是因为这样的原因引起的一次误会，让当时中国文坛上的两位大师鲁迅和沈从文有了隔膜。原因是，丁玲在返回湖南之前，因为感觉自己上大学没有希望，就给当时在文学、教育领域很有声望的鲁迅写了一封求援信，希望鲁迅能给自己寻找一个吃饭的差事。鲁迅在 1925 年 4 月 30 日收到信后，不知道丁玲这个人，就托自己的学生孙伏园打听。孙伏园在朋友圈里经过一番打听后说，有人也接到笔迹一样的一封信，但署名是休芸芸（沈从文当时的笔名）。鲁迅就猜想是沈从文用女人身份和自己开玩笑，很不高兴。而就在这个关键时刻，胡也频也参与了进来。当时，胡也频正在筹办一个文学副刊，他的一位朋友和鲁迅比较熟悉，就带胡也频来向鲁迅讨教这方面的经验。当时胡也频正和丁玲谈恋爱，已经坠入爱河的胡也频就在自己名片上印上“丁玲的弟弟”。这么一来，正在对“丁玲”一人愤愤不平的鲁迅看到这样的名片后怒火中烧：前面丁玲的信是假的，现在又来个“丁玲的弟弟”，这是要干什么？

丁玲后来在《鲁迅先生与我》一文中回忆说：“这一天，他（胡也频）只去看鲁迅，递进去一张‘丁玲的弟弟’的名片，站在门口等候。只听鲁迅在室内对拿名片进去的佣工大声说道：‘说我不在家！他只得没趣地离开，以后就没有去他家了。’”

鲁迅反复考虑，感觉这些事都是沈从文在背后“捣鬼”。于是，鲁迅后来在一些日记和信中用了一些尖刻的语言对沈从文进行了报复。其中，他在1925年7月12日给钱玄同的信中这样写道：“且夫‘孥孥阿文’，确尚无偷文如欧阳公之恶德，而文章亦较为能做做者也……因其用一女人之名，以细如蚊虫之字，写信给我，被我察出为阿文手笔，则又有一人扮作该女人之弟来访，以证明确有其女人。然则亦大有数人‘狼狈而为其奸’之概矣。总之此辈之于著作，大抵意在胡乱闹闹，无诚实之意，故我在《莽原》已张起电气网，与欧阳公归入一类耳矣。”

令鲁迅没有想到的是，他这次判断失误了。没过多长时间，和鲁迅有联系的一位编辑从胡也频那里向鲁迅证实丁玲确有其人，并且她当时在北京无以为生，无奈之下被迫回湖南老家去了。高风亮节的鲁迅感觉错怪了丁玲：“青年人是大半不愿回老家的，她竟回老家，可见是抱着痛苦回去的。她那封信，我没有回她，倒觉得不舒服。”从这些语句中能够看出鲁迅已经向丁玲道歉了。可是，鲁迅知道自己冤枉了丁玲的同时，应该知道沈从文也为此背了黑锅，不知道是因为疏忽还是出于其他原因，鲁迅的日记、信件或者文章中居然没有对沈从文表示歉意的任何文字。这就让当时已经在文学领域有一定建树的沈从文为此产生了不满，他在几年后的作品《记胡也频》中这样写道：“丁玲女士给人的信，被另一个自命聪明的人看来，还以为是我的造作。”

这件事很可惜，给中国文学史造成了一定的损失。如果二位文学大师能够强强联合，中国当时的文坛肯定会更加繁荣。从这一事件也可以看出，“字如其人”这个说法还是有道理的，正如沈从文、胡也频、丁玲三位文学大家拥有相似的笔迹，他们的性格也一定是相似的。

第六章　文学大家

第一节　在上海的发展

沈从文从1922年来到北京后，到1927年的几年间，在文学领域有了一定的收获。随着处女作《一封未曾付邮的信》的问世，他的作品不断在北京的报纸杂志上登载。三年时间内，沈从文先后有170篇作品发表。1926年，北新书局为沈从文出版了散文、小说、诗歌等各类文学作品合集《鸭子》。1927年，上海新月书店为沈从文出版小说集《蜜柑》。北京，让沈从文从一位刚刚脱下军装的湘西小伙变成了名副其实的作家。

当时的上海文化界对北京文化的发展感到非常羡慕，于是出现了很多的书店争相出版一些文人的作品，但谈起稿费时往往非常刻薄。沈从文也送给上海方面一些稿子，得到了为数不多的钱。当时的情况是，十万字的稿子，一般是百十块钱。

上海《中央日报》的总编辑彭学沛此前是《现代评论》的老朋友，当时《中央日报》的副刊需要人办理，胡也频就应了这门差事。

不了解这方面情况的沈从文当时陪着生病的母亲和九妹来到北京看医生。1928 年 1 月，了解情况后的沈从文决定让母亲和九妹暂时留在北京，自己到上海发展。

沈从文回到南方后很快和胡也频、丁玲见了面。这段时期，丁玲陷入了一次感情的纠葛。她和胡也频在一起生活，可同时也在爱着冯雪峰，为此还在和胡也频斗气。最终的结果，冯雪峰选择了离开。

这场感情纠葛平息下去后，另外一场关于沈从文、胡也频和丁玲的感情纠纷在上海的小报上出现了。不过，随着沈从文母亲和九妹从北京来到上海，这种谣言就消失了。

胡也频接手《现代评论》副刊后，三人经过商量决定将副刊的名字定为《红黑》。当时的情况是，他们三人或者两人每天晚上都要把稿子送到望平街的楼里，还要查看最后的清样。除了这些，剩下就是胡也频和丁玲的房子问题。这个困难很大，他们希望房子好一点儿，价钱便宜一点儿，房东脾气和气一点儿，周围环境方便一点儿……找来找去，他们终于在萨坡赛路看中了一家房子。在没有搬家之前，胡也频和丁玲特意来到沈从文的住处告知。胡也频对沈从文说："太好了，我们寻找的房子不光比过去居住过的房子都要好，而且还有一个非常和气的房东。"他们的租金是每月 30 元。钱是多了一点儿，但基本还算过得去。

沈从文当时居住在马浪路的新民村，和胡也频、丁玲的住处相距不远，所以经常到那里去串门闲谈。后来，三人干脆将伙食一起包在了房东那里。这样算起来，三个人每月需要 30 多元，饭菜只有一点儿小菜和黄花木耳汤。胡也频的房东是法国勤工俭学的学生，在餐具上借鉴了西餐的一些做法，要求他们三人吃饭也要用刀叉和盘子，此举让三个文学大家感觉非常不习惯，但也只能一笑而过。

胡也频和丁玲在那里居住了大约一个多月，沈从文都是在那边吃饭，晚上再回到自己住处。此后不久，不习惯的他们决定搬家，沈从文也感觉这样下去不行，应该安心好好写点儿东西。此时，人间书店邀请沈从文三人编辑一份月刊，而沈从文他们手里正好有一笔钱准备办一个出版处。就这样，沈从文、胡也频和丁玲就租用了萨坡赛路204号，随后搬了家。《人间》月刊就这样诞生了，《红黑》月刊也诞生了，三人在新住处的生活也改变了。

《人间》月刊和《红黑》月刊是沈从文、胡也频和丁玲从事文学创作以来第一次合作办理的文学刊物，这不仅代表三人在中国文学界的影响和创作水平，他们也培养了一批优秀的文学人才。

胡也频为了《红黑》的业务不断奔波，从编辑到印刷一系列流程：送稿子、购买纸张、联系书店、印刷……一直到刊物成型，沈从文和丁玲才可以把刊物分派到各个书店去，然后清算那些数字。当时，《红黑》的封面题字人是杭州美院刘阮溧教授。

首期刊物在一个星期内销量达到了一千份，这是一个不错的数字。得到这个消息，沈从文、胡也频和丁玲兴奋得受不了。当时，各地的朋友得到了消息后，都纷纷来信夸赞这个刊物内容充实，文章好。北京、厦门、武昌、广州……那里的朋友都在给沈从文三人去信，希望追加份数。很多作者都表示：这份刊物达到了理想的标准。沈从文三人经过商量，也感觉五千份才够分配。

《红黑》和《人间》月刊在三人的努力下准备同时进行。沈从文、胡也频和丁玲除了应付日常事务外，总要抽出一定的时间创作点儿东西。尤其在1929年，他们三人出的成绩很多。

……这一个年头，算是我们最勤快工作的年份，各人都写了许多作品。在（胡）也频的所有作品中，以艺术完美同内容统一而论，也是这一年成绩最好。我们在起始写文章的时节，希望的只是尽我们的力，给这个渐趋寂寞的新文学重新再能够兴奋一次……

——《从文传记》

当时，他们三人的动机非常单纯，根本没有攻击他人或者弘扬自己的成分。对一些试图在文坛上制造有关他们三人的消息的事情，三人都不予理会，继续埋下头来工作。

当时的文坛有一个流派称作新的创造社派，他们在上海主张“文学为争斗工具之一”。而与之抗辩的是《奔流》一方的人物，还有《新月》、梁实秋的《骂人的艺术》。梁实秋的《骂人的艺术》销量非常好，还有上海的几个作家，似乎也准备在“都市文学”上制造一些氛围。从这些资料中不难看出，当时上海的文学气氛比较乱，彼此之间在相互攻击。沈从文、胡也频和丁玲并不参与这种文学流派的纷争，只顾安心做自己应该做的事情，他们的努力曾经一度得到很多人的好评。不过，这三人似乎并不看重那些所谓的好评。他们在首期《红黑》里就表达了这样的意向：倾向不是我们愿意提到作为阿其所好的工具，我们除了尽其所能，没有别的什么动人的背景。刊物愿意多销一点儿，却也并不因为应当多销把趣味俯就。

三人在文学创作和办刊物上都坚持了这样的观点，不“左倾”，也不右翼，只想创作文学的“真实”，沈从文感觉文学应该具有独创性和独立的价值。所以，他们三人不准备为当时的国民政府充当口舌（那么做能够获取政府津贴），更不想在办理刊物时效法商人的唯利是图。这样一来，他们除了为刊物奔波之外，还要面对生活上的沉重压力。

沈从文在北京生活时的理想目标是每月能得到30元的稿费收入，如今在上海，沈从文的收入是30元的几倍之多，但依然入不敷出。随着母亲和九妹的到来，沈从文除去20元房租、10元水电费，三人吃穿用度的花费每月需要100多元。沈从文除了为刊物奔波之外就是加紧创作提高收入。上海一些书店都喜欢出版沈从文的作品，但出版之后往往拖欠稿费，甚至赖账不给。沈从文有时候不得不上门讨要，但依然不能如愿。因为工作过度劳累，沈从文时常流鼻血，以至于弄得身上很“凄惨”。有一次，在复旦大学学习的陈万孚夫妇来看望沈从文，结果被沈从文“血淋淋”的样子吓得一度昏厥过去。沈从文母亲的身体也需要钱治疗，可她看到儿子如此辛苦，就回到湘西老家去了。

因此，沈从文这段时期的作品时常透露出一股悲凉绝望的气息。

但是，事情的发展完全出乎他们的意料，《人间》月刊到第四期就停顿了下来，《红黑》月刊到第八期也被迫结束。对此，沈从文似乎早有预感，因为在大上海这个一切都竞争的大环境下，这样的刊物不会有利润的出现。用一点儿钱来创办一个刊物，绝对是一种冒险行为。沈从文一行三人本来的目标是办到十二期，准备在没有利益的情况下，努力维持这个刊物的命运。可是，实在维持不下去了。他们三人不仅没有从中获取一分利润，而且还将原先的老本也搭了进去。为此，胡也频非常生气。不过，他们在此期间还是在文学创作上有了收获，沈从文的作品《龙朱·虎雏》《旅店及其他》《神巫之爱》，胡也频的《光明在我们的前面》，丁玲的《韦护》都在此期间问世。

沈从文从这次创刊的失败中认识到，作者和商人分手是一件不可能的事情。从大上海当时两三年来出版业的发展状况分析，沈从文感觉自己增长了很多的见识。从一时的“普罗文学”兴起，到后来的“民族文学”成立，沈从文感觉其原因和政府没有关系，最主要的还是商业原因。他认为，一个作者需要具备随风逐浪的时代精神，才能在文坛上做到永不落伍。

三人竭尽全力在商业之外办起来的《红黑》终于失败了，从其他方面筹借的1000块钱还是一个漏洞，需要三人想办法归还。沈从文就到吴淞口的一所学校教书。后来，山东的一所高级中学向胡也频的朋友陆侃如夫妇咨询老师人选。胡也频当时感觉除了做老师没有别的事情可做，就去了山东。丁玲不久也跟了过去。

第二节　在中国公学任教

沈从文到吴淞口教书，这在沈从文文学道路上也是一个破天荒的创举。当时，中国公学校长是胡适。1929年9月，徐志摩向他的老师兼好友胡适推荐了沈从文，希望能让他在中国公学教书。之前，胡适只是在北京和沈从文有过接触，而沈从文经过这段时间的发展已经由一位文学青年变为有一定知名度的作家了。此时，在上海的中国公学担任校长的胡适觉得，沈从文尽管只有小学学历，但却在创作方面颇有成就，就破格录用了他。胡适请沈从文到中国公学讲授文学和写作，打破了教授必须有文凭的传统，对沈从文在文学界的发展起到了决定性的作用。沈从文在胡适的培养下进入中国公学教书，随后任教于武汉大学、青岛大学、西南联大、北京大学等，最终成为学者型的著名作家。

不过，之前从来没有担任过教师的沈从文接到胡适的聘书后，开始时心中是惶惶不安的。他先后给胡适寄去两封信表达了自己的担忧：首先不想在学校闹出什么笑话，可以试用一学期；随后向胡适说明自己讲课恐怕只能让学生感觉有意思，不能传授给学生真正的知识，实在不行就克扣一点儿工资；如果后来学校感觉自己实在无法胜任，自己可以马上卷铺盖走人。

从沈从文的这些话可以看出，当时沈从文对上大学讲台讲课的确没有信心。果然不出沈从文所料，他在第一堂课就乱了方寸：首先在讲堂上呆呆站了几分钟镇定了一下情绪，后来才开口讲课。让沈从文想不到的是，自己认真准备了一个小时的课程内容竟然在短短十几分钟一下子说完了。沈从文感觉无法收场，就实话实说，转身在黑板上写了这么一句话："我第一次上课，见你们人多，怕了。"

身为校长的胡适了解情况后，就说："上课讲不出话来，学生不轰他，这就是成功。"他坚持让沈从文继续上课。聪明的沈从文很快摸清了讲课的路数，后来终于成为"中国公学最受学生爱戴"的好老师。

在中国公学教书期间，沈从文的经济状况依然十分窘迫，看病、生活、还账、替妹妹交学费等，钱全花光了还不够用，非常艰难。有一次，沈从文写信给胡适，希望他能替自己想个办法，提前让学校透支一个月的工资，以便渡过难关。胡适及时伸出援助之手，多次给予沈从文经济上的资助，让他可以过年了，可以搬家了，他的妹妹也能够在中国公学做旁听生了。特别是胡适在教书和写作上给予他的鼓励，让他提升了自信，既努力教好书，又勤奋写作。

沈从文在中国公学认识了自己的终身伴侣，被人们誉为“校花”的大二学生张兆和。当然，开始张兆和并没有将这位湘西来的“土包子”放在眼里，她是无锡名门之后，名副其实的千金小姐。后来，具有文采并且特别擅长写情书的沈从文不断发挥自己的优势，开始悄悄地给张兆和写情书。尽管张兆和从未回过一次信，但他还是一封接一封写，半年来至少写了上百封情书。

感觉受到“骚扰”的张兆和愤怒地拿着沈从文的情书到胡适校长那里去告状，请胡适管理手下教师的不规矩行为。可是，令张兆和没有想到的是，胡适非但没有表示要批评沈从文，反而连连夸奖沈从文的情书写得好，并且劝说张兆和接受沈从文的感情，还要替他们保媒：“我和你父亲是同乡，我感觉我应该找你父亲谈一谈你和沈老师的婚事。”

张兆和马上回绝了胡适的好意，但胡适继续说：“张兆和，你要知道，沈老师对你的感情很执着。”张兆和马上反驳说：“胡校长，请你转告沈老师，我不接受他感情的态度也非常执着。”

得到消息的沈从文感觉万念俱灰，心中张兆和的形象无法抹去，可现实中的心上人又不理会自己，无奈之下沈从文想到了自杀殉情。后来，他找到胡适提出辞职，不过，刚开始他只是说出编造的各种理由，最后在胡适追问下还是说出了真正原因：向张兆和求爱而被拒绝。胡适知道后，奉劝沈从文留下来，并向沈从文表示愿意从中协调，一定想办法促成这段婚姻。

张兆和依然心冷似铁，根本没把沈从文的情书放在心上，因为追求她的人非常多。这位外号“黑牡丹”的美女对情书早已司空见惯，她感觉沈从文充其量不过是那些“求爱者”中的普通一员罢了。可到了后来，张兆和从要好的同学口中听说，沈从文准备为她“自杀殉情”，还将此事说给了胡适校长。这下她就坐不住了，她就找到胡适说明情况，明确表示自己心中根本就没有沈从文。胡适没有直面奉劝张兆和接受沈从文，只是在张兆和面前不断称赞沈从文的文采，说沈从文写的小说是中国作家里边最好的，希望她能够和沈从文相处一段时间。

胡适的协调工作稳定了他们的情感，沈从文继续留在学校任教，依然还在为张兆和写情书；而张兆和对此事也不再冷淡，没有送还沈从文的情书，只是默默地接受他的求爱信。沈从文在写情书方面经验很丰富，在湘西当兵时曾经替表哥黄玉书写过很多情书，在北京还曾经替北大的学生也写过不少求爱信，因此他将对心上人的情感集中到笔尖上，在字里行间表达对张兆和的爱。沈从文《新废邮存底》里，可以寻找到当时沈从文写给张兆和情书的只言片语：

我行过许多地方的桥，看过许多次数的云，喝过许多种类的酒，却只爱过一个正当最好年龄的人……

……我在你面前，这德性也显然存在的。为了尊敬你，使我看轻了我自己一切事业。我先是不知道我为什么这样无用，所以还只想自己应当有用一点。到后来看到那篇文章，才明白，这奴隶的德性，原来是先天的。我们若都相信崇拜首领是一种人类自然行为，便不会再觉得崇拜女子有什么稀奇难懂了。

你注意一下，不要让我这个话又伤害到你的心情，因为我不是在窘你做什么你所做不到的事情，我只在告诉你，一个爱你的人，如何不能忘你的理由。我希望说到这些时，我们都能够快乐一点，如同读一本书一样，仿佛与当前的你我都没有多少关系，却同时是一本很好的书。

我还要说，你那个奴隶，为了他自己，为了别人起见，也努力想脱离羁绊过，当然这事做不到，因为不是一件容易事情。为了使你感到窘迫，使你觉得负疚，我以为很不好。我曾做过可笑的努力，极力去同另外一些人要好，到别人崇拜我愿意做我的奴隶时，我才明白，我不是一个首领，用不着别的女人用奴隶的心来服侍我，却愿意自己做奴隶，献上自己的心，给我所爱的人。我说我很顽固的爱你，这种话到现在还不能用别的话来代替，就因为这是我的奴性。

……我求你，以后许可我做我要做的事，凡是我要向你说什么时，你都能当我是一个比较愚蠢还并不讨厌的人，让我有一种机会，说出一些有奴性的卑屈的话，这点是你容易办到的。你莫想，每一次我说到“我爱你”时你就觉得受窘，你也不用说“我偏不爱你”，作为抗拒别人对你的倾心。

经过三年零九个月的漫漫追爱之旅（沈从文在青岛大学任教之后），沈从文终于得到了张兆和的青睐。1933 年 5 月 4 日，还在青岛大学担任教师的沈从文给胡适写信，说自己和张兆和准备订婚，信里充满了喜悦和对胡适的感激。

第三节　上海文学路上三人行

令沈从文没有想到的是，胡也频和丁玲二人在离开上海三个月之后忽然出现在上海环龙路的一处房子里。得到消息，沈从文赶忙过去探望他们。

“你们怎么这么快就回来了？”

胡也频和丁玲相互对视一下，随后胡也频说：“北方的风潮非常厉害，我们担心被人利用和暗算，就从青岛走水路回来了。”

沈从文当时也没有怀疑，可过了一会儿丁玲出去了，胡也频这才说出他们回来的真实原因：他们夫妻是逃回来的。

“为什么需要逃回来呢？”沈从文有些不理解。

胡也频解释说，山东的学生似乎都高大威猛，而胡也频是文弱书生。那些学生都受风潮的影响不断闹事，而胡也频是绝对不可以和山东学生比武的。这么一来，夫妻二人只能找机会回来了。

当时沈从文了解眼前这位老朋友的思想已经受到了革命的熏陶，胡也频和丁玲已经开始倾向共产主义。沈从文后来了解到，胡也频和丁玲于 1929 年的夏天在济南山东省立高中教书期间组织成立了一个文学研究会，开始做马克思主义文艺理论宣传工作，其间还批判了当时文学艺术中存在的“为艺术而艺术”的理论，说明文学创作在社会中的作用，崇尚社会主义文艺。为此，胡也频还创作了长篇小说《到莫斯科去》，号召知识分子应该走苏维埃道路，走革命的道路。山东省政府在1930年5月开始通缉胡也频和丁玲。当时在山东的中共组织马上掩护他们夫妇二人离开济南，随后经青岛水路回到上海。

沈从文对胡也频夫妇二人参加革命的事情没有表明自己的态度，相反，他对胡也频夫妻二人的解释比较“满意”。后来，沈从文从吴淞口的淦女士口中得知，胡也频夫妻二人回上海其实是另有原因。沈从文有些糊涂了。后来，沈从文仔细分析后认为，文学上的一些东西有时候和教育目标不一样，如果处置不当就会和学生发生纠纷。从这个角度上说，胡也频和丁玲回到上海也很正常。

沈从文究竟是不是了解胡也频和丁玲参加革命组织的情况呢？他当时在文学界有了一定的声望，胡也频在济南写《到莫斯科去》难道他会一无所知？值得一提的是，按照沈从文的性格，他向来不想参与各种团体组织。或许，沈从文打心眼儿里就不想参与他们所谓的政治活动。不过，《到莫斯科去》是在1929年成稿，在1930年才出版，胡也频假如不给沈从文说的话，沈从文或许真的不会知道。

胡也频和丁玲回到上海后，目标主要还是写作，因为那样的生活符合他们的性格。环龙路的房子比较安静，《小说月报》基本都接纳他们的稿子，写得多了还可以出集子。因此，沈从文感觉这样他们夫妻二人生活并不惨淡。

此时，沈从文在吴淞口教书也感觉到了压力。沈从文感觉，教师要比作家懒惰并且狡猾，只有具备那种性格的人才适合去做教师。因此，沈从文感觉胡也频和丁玲二人不教书，其实是正确的。沈从文反复考虑后，就找到胡也频和丁玲，商议如何恢复《红黑》，另外还准备在一家书店或者报社创办一个周刊。当时沈从文三人面临的问题是：在大上海，他们没有参加任何团体，也没有一家书店是他们的靠山。正如沈从文初到北京时那位亲戚所说的一样：除了信仰，他们一无所有。

胡也频和丁玲从济南回到上海的时候是10月，到了年关时，复刊的问题依然还没有着落。沈从文依然在吴淞口的学校教书，依然没有和提供不花钱的住处、可以拖欠一点儿伙食费的学校说声“再见”的勇气。胡也频和丁玲则又换了两个住处，原因是房东不好、邻居有点儿吵。

到了三月，武昌的朋友办了一份《日出》月刊，给沈从文来信约稿。沈从文写了一篇论文，胡也频把自己的一部长篇小说寄了过去。想不到的是，这份月刊印出来后就遭到武昌政府和南京政府的扣留，后来还罚了1000元钱。胡也频的长篇小说《光明在我们的前面》后来在光华书局发行，但依然无法卖出去。就这样，他们当时都沉默了下来。

接下来的问题更加令他们吃惊：胡也频在《小说月报》发表的作品也出了问题，而丁玲在《妇女杂志》发表的作品也出问题了。什么问题呢？沈从文面对旁人的问话感到难以回答。不过，他认为，问题不外乎两个：可能是作品太实际了一点儿，也可能是作品无法给书商带来利益。正如沈从文此前认为的一样，胡也频的作品可能没有做到随风逐浪。

六月，胡也频给大东书局寄去了一些稿子，大东书局的一位孟先生就对沈从文说：胡也频的稿子是不是有问题？沈从文无言以对，为此也感到非常抱歉。然而，由于问题的不断出现，胡也频的生活受到了影响。当时，文学在很大程度上面向中小学生，而他们的作品是面向社会的。这样一来，作品的发行量就会缩减，胡也频和丁玲二人的生活也逐渐窘迫了。

不过，当时的北方依然风靡着胡也频和丁玲的作品。沈从文北方的朋友来信依然在打听胡也频和丁玲的情况。丁玲知道后感觉有点儿好笑：如今他们夫妻二人生活困难，每顿饭都要动手处理，不然就过不下去，这样的人在北方还是名人?!

岁月让胡也频和丁玲不断走向成熟，让他们的灵魂不断得到净化。沈从文当时在吴淞口，距离上海市区比较远，和他们夫妻二人见面就少了。偶尔的见面之后，沈从文都会感觉胡也频消瘦了许多，这一点胡也频自己也承认。据沈从文回忆，沈从文每次到上海市区，胡也频夫妻二人留沈从文吃饭。沈从文从饭菜上就感觉到他们夫妻二人的生活状况：从来没有看到他们的饭桌上有肉或者鸡。胡也频看起来利索得有点儿像一只猫，令沈从文感觉自己老了。

沈从文有时候就问胡也频：“最近写了什么文章?”

“什么也没写。”胡也频总是有气无力地回答。

半年的时间，沈从文感觉胡也频夫妇文章写得不多，他们好像在意志上有些消沉。其实沈从文并不知晓，当时的胡也频已经参加了上海左翼作家联盟组织，在冯雪峰负责的一个暑假补习学校担任教师。

胡也频后来被选为“左联”机构执行委员，还担任工农兵文学委员会的主席职务。这一年，胡也频作为“左联”代表参加了在上海秘密召开的“全国苏维埃区域代表大会”，他还为此创作了长篇小说《光明在我们的前面》，作品歌颂了中国共产党人艰苦卓绝的革命斗争情况。

秋天，沈从文去武汉大学教授散文。在武汉，沈从文出门到了街面上有时候会碰见当兵的，有时候还会见到杀人景象。在这里，沈从文似乎又寻找到10年前在湘西的自己，那些血淋淋的人头，那些高高举起的鬼头大刀……此时已经完全转变成文人的沈从文依然难以忘却湘西的军营生活，血腥景象让沈从文的心头隐隐作痛。

沈从文每次给胡也频写信都要细细考虑，尽量不触及不庄重的地方。有一次，胡也频回信直截了当地说：你说的全是空话，同你做文章差不多！你受的苦永远是你自己想象的苦，这种苦毫无可疑，同时在你生活方面，却不能离开一种东西……干吗你不想一点儿比文章还切实一点儿的事情？

沈从文仔细想了一下，感觉切实一点儿就是写点儿文章，给一些约稿的人还账。他就给胡也频回信说准备写两万字的文章，一定要做一点儿切实的事情。不过，沈从文后来没有写，他写不下去。武汉大学的散文也就那样了，沈从文决定回上海去。

沈从文回到上海就去寻找胡也频和丁玲夫妇，看到他们家里多了一个大头圆脸的小孩。沈从文正在纳闷，忽然看到旁边桌子上有一张字条：你来时，坐坐，同摇篮里的小孩玩玩，我们到×点才回来。沈从文按照字条上说的跟孩子玩了一会儿，还没有看到他们回来，最后只得离开了。

然而，沈从文在另一个朋友那里得到了胡也频夫妻二人的消息，他感觉有些不相信，感觉上海比几年前在谣言方面有了很大的发展。消息称：胡也频在1930年已经秘密加入了中国共产党，还代表左翼作家联盟出席了在上海举行的全国苏维埃区域代表大会。在会上，胡也频当选第一次全国工农兵代表大会代表。

在第二次见到胡也频夫妇的时候，沈从文就说起了这些谣传。丁玲说："我们生了孩子的事情很少有人知道，这也太奇怪了。"胡也频也说："上海闲人的本领就是把某些消息无限制地夸大。"加入中国共产党的胡也频知道党的纪律，更了解当时的革命形势。他采取必要的保密是应该的，也是必需的。

沈从文当时居住在上海北京路清华同学会的宿舍里，后来有朋友知道沈从文回来了也都过来见面，其间依然谈及胡也频和丁玲的一些事情。沈从文后来从胡也频逐渐消瘦的脸上好像也发现了什么。他估计，胡也频在个人生活上肯定做了一些非常辛苦的事情，没有得到好好的歇息，以至于忘了自己的存在。

这段时间，沈从文一个朋友在长江死去了，而沈从文也得到了父亲去世的消息。沈从文想了很多，他感觉人活着就要按照逝者的愿望去做，这是活着的人唯一能做的事。

沈从文对胡也频非常尊重，他也了解这位朋友的能力，读者也喜欢读胡也频的文章。不过，至于胡也频应该写什么样的文章，这是值得考虑的。

当时，上海的一些文学派别也在不断进行论战，在一些媒体刊物上不断制造人身攻击。直到著名的左翼作家联盟出现后才沉默下来。沈从文认为，当时造成这种局面的不是权威下的约束，而是文化批评的结果。

第四节　朋友为革命而殉难

有一天 12 点时，沈从文约好中介同事在某地方吃饭，结果在门口碰到了一名邮差。邮差递给沈从文一封信，是胡也频写来的。在信中，胡也频说明自己多次搬家的理由，并告诉沈从文不要去看自己，因为那个地方不适合沈从文过去。沈从文感知到其中的信息，预感到胡也频可能参加了什么组织。没想到 11 点时，胡也频过来了。沈从文看到胡也频赶忙说：“我正想过去问你们准备做什么。刚刚看完信，结果就不能去了。”

胡也频说：“我还以为你过去了呢。”

胡也频过来让沈从文过去帮忙，说房东的独生儿子死了，眼下唯一能做的就是给人家送一副挽联。沈从文一听马上着了慌：“我对这种事情不在行，让李达先生来吧。”

“还是你来写吧，也不是什么重要的大文章。”

沈从文还是不答应：“不要这样，这东西不是逼出来的。”

但胡也频还是不依不饶：“不能推辞。你这样构思，孩子年纪轻轻，正在准备干一番大的事业，但忽然意外死去了。有点儿可惜。”

沈从文没办法，只好替胡也频写。他们随后又谈及书商的刻薄，胡也频就谈到了“作家协会”的事情。这个组织的发起者在三四年前就开始活动了，当时创造社准备在这样的组织下得以发展，但最终无疾而终。胡也频感觉，有了这样的组织，就可以和书商分庭抗礼，可以得到作家们应该得到的那部分利益。沈从文明白胡也频的意思，就说了自己的看法：“鱼和熊掌不可能都得到。这个作家协会能够解决作家们的生活，让书店里的几个编辑作为协会的组织者，我不反对。我愿意让这个组织为文化发展做贡献。不过，几个编辑恐怕忙不过来。”

胡也频问：“你是不是怀疑他们的热情？”

沈从文摇摇头：“我怀疑他们的能力。编辑是做稿子工作的，那就不要再做其他的事情。作家协会不光是为稿子寻找出路，对于执行委员的工作也要慎重考虑。”

沈从文感觉胡也频又消瘦了。他认为胡也频做事非常认真，而自己则考虑问题比较透彻。他们二人商议将近一个小时，最终胡也频同意了沈从文的看法：不要对那个组织抱太大的希望。而沈从文也向胡也频屈服了，答应加入这个组织。

就这样，沈从文交给胡也频六块钱算作会费，然后二人一起向四川路走去。走到正在装修门面的惠罗公司门前时，胡也频忽然说：“我应该去买一些白布，这样就可以为房东家去世的儿子写挽联了。”说完还伸手捏了沈从文一下，然后还向沈从文调皮地挤了一下眼睛，笑着从马路上走了过去。

下午，沈从文就得到了胡也频被捕的消息。回到住处，沈从文仔细想了一下，终于明白了前几天发生的一些事。

沈从文在七点左右从万宜坊回到北京路的住处，开始慢慢地转着圈上楼，来到门前他看到一个非常瘦的老人站在黑暗的角落里。沈从文愣了一下没有在意。旁边的服务员就打开了门："沈先生，有人等你已经两个小时了。"

沈从文这才注意到黑暗角落里的那位老人。老人此刻站了起来，随后走到沈从文面前看了看，伸出手，好像还拿着什么东西。沈从文不得已也伸出了手，可那个老人递给沈从文一个纸条之后就将手收了回去。沈从文当时的判断是：这个老头说不定是政府的密探，假意装作这样子来打探消息。

"你在这里等一下。"沈从文手里捏着老人递过来的纸条，随后走进了屋里。他打开纸条一看马上大吃一惊：那张纸条是胡也频写来的，方才的那个老人就是执行者之一。

胡也频告诉沈从文，自己遇到了冤枉事。昨天和沈从文聊天，随后到先施公司，结果刚到那里就被逮捕了。胡也频请求沈从文去找胡先生和蔡先生，想办法营救自己，让吴经熊律师赶在转移龙华之前诉讼。一切要抓紧，不然时间一长就会出麻烦。胡也频在信里说自己非常焦急，还叮嘱沈从文照顾自己的奶奶……

沈从文和胡也频交情深厚，因此他看完纸条来不及考虑就跑出门，随后一把将方才的瘦老人拉到房里："你给我说，这究竟是怎么回事?"

老人不停地摇头，还用手指一指纸条："你看这个就行。"

沈从文感觉非常疑惑，马上再次拿出那张纸条，这才发现纸条的旁边居然还有一行小字：事不宜迟，赶快为我想办法取保。信送到后，给来人五块钱。

沈从文马上从身上拿出五块钱交给老人，老人这才说："你们要尽快想办法，不然押过南京就难办了。"

"你能不能再给我捎封信?"

老人想一想随后说："干吗非要写信呢? 你直接说给我就可以了。"

沈从文就请老人转告胡也频不要担心，自己一定会想办法营救他。接下来，沈从文和老者一起下了楼。沈从文随后坐了一辆黄汽车，直接过万宜坊找到了丁玲，准备将事情告诉她。丁玲当时正在翻看一本小说集，看到沈从文进来就说："有什么消息没有?"

沈从文犹豫了一下：此刻，胡也频的孩子还在吃奶期，自己应该怎么告诉眼前这对母子? 沈从文还在发愣，丁玲就起身来解释手中的那本小说，封面尽管有些低俗，但那只是伪装，里边的内容已经换了。沈从文没有作声，只是将胡也频写的纸条递给丁玲看。丁玲默默地看完，然后抬起头来问："你怎么得到的这个纸条?"

沈从文将自己得到纸条的经过给丁玲说了一遍。丁玲忽然想起了什么东西，开始慌慌张张在书架上翻找，但什么也没有找到："糟糕! 他肯定是把那个东西带走了。"

"是什么东西?"沈从文马上问。

丁玲愣了一下没有直接回答沈从文的问题，只是说："不要紧，其实带过去也没有危险。"

沈从文从丁玲的表情上好像觉察到其中的问题：如果胡也频带着这个东西，警察在监狱里发现后说不定会出麻烦。

沈从文和丁玲马上开始了行动，经过胡也频、徐志摩的介绍信，再加上丁玲老朋友李先生和一位姓张的律师很熟悉，而张律师和吴经熊律师在一个律师事务所工作，丁玲就把营救胡也频之事交给了他们。后来，胡也频再次捎出纸条来，说自己在监狱受到了严刑拷打，有些受不了。

两天后，律师事务所为了办案方便，就让沈从文和丁玲去找江一平律师，但结果依然是无疾而终。沈从文和丁玲都在四处打探胡也频的消息，但很多政府要员都表示对这一事件无能为力。沈从文好像明白了一个事实：谁要想办法去营救那些人，谁就有可能多一分是共产党的嫌疑。胡也频是知名作家，政府不会没有原因去逮捕他。

行刑的日子好像是在二月八日。

当时，沈从文和丁玲还不能确定行刑的人中是不是有胡也频，可是他们很快得到确凿消息：胡也频已经被枪决。

其实，有关部门已经对这些人做了死刑判决，只是担心舆论上的压力才没有立即执行。等风声稍微平息下来后，这一行人就被宣判了死刑。当时，胡也频一句话没说，只是向同伴们凄惨地笑了笑。于是，接下来，这23个人就戴着手铐脚镣，嘴里还被塞上东西，默默地被押到兵工厂的破旧房子前，然后靠在土墙边。12名士兵退后10步，接下来就开了87枪。当时，天正在下着雨……

沈从文在自传中这样描述当时丁玲的表情：

当我把那点消息告给她时，正是我再准备过南京的前一日，做母亲的在这方面，显出了人类美丽少见的风度，她只是沉默地把熟睡着的孩子，放到小小的藤制摇篮里去……轻轻的说：“小东西，你爸爸真完了，他的事情还不完。好好的睡，好好的吃喝，赶快长大了，接手做爸爸还不做完的事情。”

朋友们都在担心孤儿寡母接下来的命运。有人揣测因为胡也频的牵连，丁玲母子会不会也被抓到牢狱中去。此时，丁玲湘西的家人也在关心母子二人的情况。

沈从文当时的考虑是，如果丁玲母子在上海居住下去，那一定要有居住的办法；如果回到湘西老家，必定还要筹借一笔路费。因为在营救胡也频的过程中，丁玲已经将家中的积蓄全部花尽。其间，丁玲得到过徐志摩的帮助，向中华书局卖了一本书，接下来又向邵洵美借了一点儿钱。

沈从文想办法筹措了一些钱，决定将丁玲母子送回湘西老家去。他感觉，只有这样才对得起死去的好朋友胡也频。

第五节　三人行后续

沈从文再次回到上海。当时的上海风声很紧，“左翼文学”已经失去了生存的机会，“民族文学”也很难找到发展的空间，各种文学刊物只能得过且过。为了生存，作家们只得到大学里寻找生活的依靠。

四月，沈从文失去了教书的差事，使他在上海的生活压力大了。此时，南京的一个朋友邀请沈从文到一家杂志社做编辑。这位朋友还告诉沈从文说，刊物可以自由发展，不必受某一方势力的约束。沈从文决定去南京，准备将这个月刊发展成为一个独立的文学阵地，让中国的读者对国家10多年的得失有一个正确的认识。

沈从文的计划最终因为两个人的意见而改变了。北京的徐志摩给沈从文来信，邀请沈从文去北京发展：“……尽管北京的各个位置上都坐满了人，可因为你的来到肯定会出现一个空位置。你一天能吃多少东西？北京不会因为你的来到发生米涨价的事情。”丁玲（曾经和沈从文一起回到了上海）在六月给沈从文写了一封信，提出自己准备办《北斗》杂志。沈从文很高兴，就张罗朋友过去帮助丁玲，争取将《北斗》办得好一点儿。当时，沈从文计划两年内不写小说。然而，丁玲《北斗》杂志的创刊，让沈从文感觉自己搁笔的计划要修改。

《北斗》创刊的消息发布后，谢冰心第一个站出来为刊物写了一首长诗，其他的朋友作家也都在给丁玲寄稿子。沈从文没有这么做，他给丁玲去信说：

若刊物只是要几个名人做幌子，第一期有了那么一些篇章也就够了。若你以为真实的应当用这刊物来逼迫督促，使一般女作家的写作风气活泼起来，你是不是觉得你做编辑有些不相宜处？

沈从文曾经一度对文学创作产生了厌倦，他在给丁玲的一封信中曾经这样说：

绅士玩弄文学，也似乎看得起文学，志士重视文学，不消说更看得起文学了。两者皆尊重文学，同时把文学也俨然近于溺爱的来看待。文学“是什么”，虽各有解释，但文学究竟“能什么”却糊涂了……目前大家所争执的似乎同我毫无关系……我想离开这份生活，过几年再看看一堆日子能不能帮我们把社会习气修正了一些。

丁玲感觉到沈从文的心境，就奉劝沈从文重新拿起笔杆子：不要发牢骚，把自己的文章抄好，把熟人的文章逼来吧。这刊物，就正是想用成绩来修正一切上海习气的一个刊物……自从他走了以后，我连一个说话的也没有了……

沈从文后来得到消息，丁玲和曾经担任自己的翻译的冯达同居了，二人生活得很好。

沈从文接到北京几个朋友的邀请，准备为这些朋友办的简报介绍一点儿中国文学的消息。这几位朋友认为胡也频等几位作家的失踪是不可以马马虎虎过去的事情，因此准备出专号。沈从文答应了这门差事，随后写信告诉丁玲自己的想法：如果丁玲能执笔的话，自己就退一步。丁玲回信说：我目前不能写这种文章，我希望你写……我们还不适宜把这个人的真实消息送回去……

沈从文按照自己的回忆写出了《记胡也频》，随后给丁玲去信告诉她文章内容和字数。丁玲回信说：……能准我看一看吗？我也常常想为他的一生作一长传……在我个人对于他的纪念。但这是以后的事。如今你能写，我非常高兴。

后来，北京的那几个朋友的简报因为种种原因无法出版，沈从文就将《记胡也频》寄给了上海《时报》。《时报》拿过光华复印时，丁玲经手看了沈从文撰写的《记胡也频》，她感觉有错误。不过，丁玲感觉这些错误并不是因为沈从文的疏忽，因此丁玲没有删减书中的文字。

丁玲后来经历了“失踪”事件（被冯达出卖而被捕），当时沈从文认为丁玲也像胡也频那样遇难了，就专门写了作品《三个女性》，以此寄托自己对丁玲的哀思：

……心中酸酸的离开了蒲静的房间，走到仪青房门前，轻轻的推开了房门，只见仪青穿了那件大红寝衣，把头伏在桌子上打盹，攀着这女孩子肩膊摇了她一下，仪青醒来时就说：“不要闹我，我在划船！我刚眯着，就到了海上，坐在三角形白帆边了。”等一等又说，“我文章已译好了。”

“睡了吧，好好的睡了吧。我替你来摊开铺盖。”

“我自己来，我自己来。你信写好了吗?”

黑凤轻轻的说：“写好了。你睡了，我们明天见吧!”

“明天上山看日头，不要忘记!”

黑凤说：“不会忘记。”

因为仪青说即刻还要去梦中驾驶那小白帆船，故黑凤依然把那电报捏在手心里，就离开了。

她从仪青房中出来时，坐在楼梯边好一会。她努力想把自己弄得强硬结实一点，不许自己悲哀。她想：“一切都是平常，一切都很当然的。有些人为每个目前的日子而生活，又有些人为一种理想日子而生活。为一个远远的理想，去在各种折磨里打发他的日子的，为理想而死，这不是很自然么？倒下的，死了，僵了，腐烂了，便在那条路上，填补一些新来的更年青更结实的人，这样下去，世界上的地图不是便变换了颜色吗？她现在好像完了，但全部的事业并不完结。她自己不能活时，便当活在一切人的记忆中。她不死的。”

她自己的确并不哭泣。她知道一到了明天早上，仪青会先告她梦里驾驶小船的经验，以及那点任意所为的快乐，但她却将告给仪青这个电报的内容，给仪青早上一分重重的悲戚！她记起仪青那个花圈了，赶忙到食堂里把它找得，挂到书房中××送她的一张半身相上去。

当时，身陷牢笼的丁玲的确想到过自杀，不过她坚强的意志再次让自己化险为夷。历经多次辗转之后，丁玲最终来到了革命圣地延安，参加了八路军。

在“丁玲事件”里，丁玲对沈从文的“某些行为处理”不很满意，导致二人产生了误会，关系从此有了隔阂，以至于到了80年代他们还曾经为一些事发生争论。细细分析一下，这和沈从文的性格有关系。沈从文一直坚守自己的信条：不参加任何组织，甚至包括一些民主组织。沈从文在《记胡也频》结尾有这样一段话，说出人生的意义，也说出了沈从文生命的意义：

……总而言之，到这个时节，他是用不着别人来想象他的如何存在，关心到他的本身了。但一个活人，他倘若愿意活下去，倘若还能活下去，他应当想到的，是这个人怎么样尽力来活，又为了些什么因缘而死去。他想到那些为理想而复活为理想而死去的事，他一定明白“镇定”是我们目下还要活着的人的一种能力，这能力若缺少时，却必需学习得到的。一个人他生来若就并不觉得他是为一己而存在，他认真的生活过来，他的死也只是他本身的结束。一个理想的损失，在那方面失去了，还适宜于在另一方面重新生长，儿女的感情不应当存于友朋之间，因为纪念死者并不是一点眼泪。

我觉得，这个人假若是死了，他的精神雄强处，比目下许多据说活着的人，还更像一个活人。我们活在这个世界上的，使我们像一个活人，是些什么事，这是我们应当了解的。

沈从文的这种处世逻辑受两本书的影响：西方的《圣经》和中国的《史记》。当初，从湘西来北京的时候他就带来了这两本书。后来在文学创作上，沈从文也明显受到这两本书的影响，有中国古代作品的感染，也有西方小说那种自由洒脱的风格。沈从文喜欢这两本书，在一些修辞上也受其影响，在人生道路上自然也会受其影响。

第六节　在青岛大学

在上海经受多次创刊失败和丧失文学挚友的痛苦之后，沈从文在1931 年 9 月接到时任青岛大学校长杨振声的邀请去任教。杨振声是胡适在北京大学时期的学生，对胡适非常尊敬。沈从文能够得到这份差事，肯定是胡适和徐志摩在背后大力推荐的结果。

杨振声是学者，是教育家，也是现代文学早期著名作家，代表作有小说集《玉君》等。杨振声北大毕业后留学美国哥伦比亚大学，回国后曾任清华大学中文系系主任，为人谦恭，与胡适师生情谊深厚，所以他接受沈从文也就十分自然了。

此时，沈从文正值而立之年，正处于文学创作上升阶段。青岛大学优雅的人文和自然环境最终让他在教学、文学创作、恋爱生活等多方面获得了丰收，成为沈从文人生道路上的一个亮点。

沈从文已经具备中国公学和武汉大学的教学经验，完全脱离了起初刚上讲台的那种紧张感觉。他在青岛大学国文系担任讲师，主讲“小说史”和“散文写作”，他讲起课来像文学创作那样有艺术性，充实的内容、灵活的方式、生动的语言，让学生流连忘返。沈从文在教学的过程中不忘记培养文学新人，课下学生向他请教写作问题，还有些学生拿着习作请他指导，他总是努力想办法帮助学生。著名诗人臧克家和卞之琳就是沈从文在青岛大学培养的文学新人。沈从文曾经资助臧克家第一部诗集《烙印》的出版，卞之琳的第一本诗集《三秋草》则是在沈从文引荐下，由新月书店出版的。从一个文学青年成长为作家，沈从文深刻领悟到扶植文学新人工作的重要性，文学道路需要后继有人。

沈从文在青岛大学任教的两年多时间里，他在教学工作之外创作了几十篇中短篇小说和一些散文作品，几天之内就有新作品问世是很平常的事情。沈从文在青岛创作的作品一改之前叙述自身经历的内容题材，开始涉及一些社会问题和对人生的探讨，题材和内容上都有不同程度的改变。即便是身边的大学教授和大学生，有时也会成为沈从文作品中的人物。所以，青岛时期是沈从文文学创作的分水岭，其间沈从文的文学创作题材成功地实现了向社会拓展。比如，他出版于1935年的作品《八骏图》，就是以当时青岛福山路一座大学教职员宿舍为背景创作的。作品中，沈从文不仅写了这个宿舍以及周围的一些景物设施，而且还写了学校的八位教授的言行。沈从文在作品中这样写：

……我很觉得高兴，到这里认识了这些人，从这些专家方面，学了许多应学的东西。这些专家年龄有的已经五十四岁，有的还只三十左右。正仿佛他们一生所有的只是专门知识，这些知识有的同“历史”或“公式”不能分开，因此为人显得很庄严，很老成。但这就同人性有点冲突，有点不大自然。一个不到三十岁的小说作家，年龄同事业，从这些专家看来，大约应当属于“浪漫派”。正因为他们是“古典派”，所以对我这个“浪漫派”发生了兴味，发生了友谊。我相信我同他们的谈话，一面在检察他们的健康，一面也就解除了他们的“意结”。这些专家有的儿女已到大学三年级，早在学校里给同学写情书谈恋爱了，然而本人的心，真还是天真烂漫。这些人虽富于学识，却不曾享受过什么人生。便是一种心灵上的欲望，也被抑制着，堵塞着。我从这儿得到一点珍贵知识，原来十多年大家叫喊着“恋爱自由”这个名词，这些过渡人物所受的刺激，以及在这种刺激之下，藏了多少悲剧，这悲剧又如何普遍存在。

瑗瑗，你以为我说的太过分了是不是。我将把这些可尊敬的朋友神气，一个一个慢慢的写出来给你看。

达士

教授甲把达士先生请到他房里去喝茶谈天，房中布置在达士先生脑中留下那么一些印象：

房中小桌上放了张全家福的照片，六个胖孩子围绕了夫妇两人。太太似乎很肥胖……

……但这个医生既感觉在为人类尽一种神圣的义务，发现了七个同事中有六个心灵皆不健全，便自然引起了注意另外那一个健康人的兴味。事情说来稀奇，另外那个人竟似乎与他“无缘”。那人的住处，恰好正在达士先生所住房间的楼上，从××大学欢迎宴会的机会中，那人因同达士先生座位相近，×校长短短的介绍，他知道那是经济学者教授庚。除此以外，就不能再找机会使两人成为朋友了。两人不能相熟自然有个原因。

达士先生早已发现了，原来这个人精神方面极健康，七个人中只有他当真不害什么病。这件事得从另外一个人来证明，就是有一个美丽女子常常来到寄宿舍，拜访经济学者庚……

……到了海水浴场，潮水方退，除了几个会骑马的外国人骑着黑马在岸边奔跑外，就只有两个看守浴场工人在那里收拾游船，打扫砂地。达士先生沿着海滩走去，低着头寻觅这种在白砂中闪放珍珠光的美丽蚌壳。想起教授乙拾蚌壳那副神气，觉得好笑。快要走到东端时，忽然发现湿砂上有谁用手杖斜斜的划着两行字迹，走过去看看，只见砂上那么写着：

“这个世界也有人不了解海，不知爱海。也有人了解海，不敢爱海。”

达士先生想想那个意思，笑了。他是个辨别笔迹的专家，认识那个字迹，懂得那个意义。看看潮水的印痕，便知道留下这种玩意儿的人，还刚刚离此不久。这倒有点古怪。难道这人就知道达士先生今天一早上会来海边，恰好先来这里留下这两行字迹？还是这人每天皆来到海边，写那么两行字，期望有一天会给达士先生见到？不管如何，这方式显然的是在大胆妄为以外，还很机伶狡狯的，达士先生皱眉头看了一会，就走开了。一面仍然低头走去，一面便保护自己似的想道："鬼聪明，你还是要失败的。你太年轻了，不知道一个人害过了某种病，就永远不至于再传染了！你真聪明，你这点聪明将来会使你在另外一件事情上成就一件大事业，但在如今这件事情上，应当承认自己赌输了！这事不是你的错误，是命运。你迟了一年。……"然而不知不觉，却面着大海一方，轻轻的抒了一口气。

作品通过不同情节，揭示了八位教授道德观的虚伪性。由于他把笔锋指向了教授的家庭生活，中间渗透挖苦成分，因此引起了一些敏感人（闻一多）的强烈不满，为此还曾经造成一定程度上的不和谐（后来重归于好）。描写大学生的短篇小说《来客》，是暴露都市"现代文明"的虚伪，人性本质的丢失；《都市一妇人》《一个女剧员的生活》等，都集中反映了作者的反庸俗意愿，表现了都市男女希望挣脱庸俗人生所做的努力。沈从文的代表作《边城》《长河》等，也是在青岛构思的。在青岛，沈从文的作品正在向成熟阶段发展。

另外，沈从文 1932 年暑假还做了两件人生中有转折意义的事情：写《从文自传》和收获爱情。他在暑假期间用三个星期写了《从文自传》。这部作品出版后曾被周作人和老舍认为是"1934 年我爱读的书”。《从文自传》讲述的是1902－1922年沈从文进入都市前的人生经历，即沈从文的湘西经历，他曾这样谈及《从文自传》的创作：

就个人记忆到的写下去，既可温习一下个人生命发展过程，也可让读者明白我是在怎样环境下活过来的一个人。特别是在生活陷于完全绝望中，还能充满勇气和信心始终坚持工作，他的动力来源何在。

《从文自传》一直以来都被认为是一份很好的传记材料。20世纪80年代，美国人金介甫写《沈从文传》、吴立昌写《人性的治疗者：沈从文传》、凌宇教授写《沈从文传》等作品论述沈从文20岁之前的生活，都要参考《从文自传》里面的资料，本书也不例外。

沈从文通过写自传来“温习一下个人生命发展过程”，其目的并不仅仅是追忆过去的生活，更重要的是在对自我生命的反思中，展开自身与自身的对话，为当下的自我寻根，并以此踏上通向未来的路途，打开通向未来文学创作的康庄大路之门。《从文自传》的创作，是沈从文回忆自己、认识自己的重要体现。沈从文在自传中追忆过去的同时始终联系着对文学生命的探索。他在追溯过去的人生经历时，其文中蕴含的写作中心依然是在文学创作的“沈从文”。后来，沈从文这样回忆这段经历：

民廿过了青岛，海边的天与水，云物和草木，重新教育我，洗炼我，启发我。又因为空暇较多，不在图书馆即到野外，我的笔有了更多方面的试探。且起始认识了自己。

撰写《从文自传》，正是沈从文“认识自己”的一个重要事件。完成自己思想上的转变，对于沈从文后来的创作发展具有积极的影响。通过《从文自传》，我们可以了解沈从文在湘西的经历，了解这些丰富的阅历如何影响到他的文学创作。在青岛大学的这段时间，是沈从文在文学道路上的一个转折点。就在《从文自传》问世不久，沈从文迎来了他文学创作的第一个高峰期。

美丽的青岛让沈从文在文学创作之路上越走越顺，让他的文艺创作得到诗情画意般的锤炼。《边城》是沈从文的代表作，也是他最负盛名的作品，而《边城》正是在青岛酝酿，后来在北京下笔写出的。综观沈从文的代表作《边城》，勤劳善良的女主人公、悲伤的结局，给读者留下了深刻的印象，而这一形象的塑造，跟青岛有着千丝万缕的联系。

沈从文在1946年的散文《水云》中论及《边城》时说，“没有一个人知道我是在什么感情下写成这个作品”，即便是当时沈从文的好朋友刘西渭也“完全得不到我如何用这个故事填补过去生命中一点哀乐的原因”。对于《边城》主人公翠翠，沈从文在《水云》中说：

故事上的人物，一面从一年前在青岛崂山北九水旁所见的一个乡村女子，取得生活的必然，一面就用身边黑脸长眉新妇作范本，取得性格上的素朴良善式样。

翠翠的第二个来源，是沈从文1933年和张兆和一起在青岛崂山溪边洗手时，看见的对岸一个穿着孝服的姑娘。沈从文在写给张兆和的《湘行书简》中有所提及，却没有像《湘行散记》中交代绒线铺女孩那样详细。在这里，或许有一种让他难以忘却的美感动着他。

在青岛，沈从文不仅在文学创作方面收获颇丰，也收获了爱情。

当初，沈从文在上海向张兆和求爱没有成功，但其情书字里行间情真意切、涕泪交加、文采飞扬，最终触动了张兆和少女的心扉。有些心软的张兆和无奈之下给自己想了一条退路，如果她的父亲同意这门亲事，她就不反对和沈从文进行交往。依然对张兆和念念不忘的沈从文似乎感觉到了一线生机，他听说张兆和大学刚刚毕业，就利用暑假去苏州看望她，此行让即将熄灭的爱情之火忽然间重新复燃。沈从文为此特地绕道上海，请好朋友巴金替他挑选了一批中外文学名著准备送给张兆和。到了苏州，张兆和只收下了《父与子》和《猎人笔记》两本书。沈从文首次到张府拜访，见多识广而又文采飞扬的沈从文在张兆和父亲面前努力表现，二人谈得非常投机。张兆和家人对沈从文不俗的仪表十分赏识。张兆和父亲非常开明，最后表示：只要女儿同意，他本人不反对这门亲事。这句话让沈从文看到了爱情的希望。就这样，中国文学史上美丽的爱情之花开始在青岛的海滨绽放，沈从文终于找到了人生的知己。

不久，在杨振声的邀请下，张兆和从苏州随沈从文来到青岛，在青岛大学图书馆内编英文书目。1933 年 9 月 9 日，沈从文和张兆和在北京喜结良缘。这位 10 多年前从湘西来到北京闯世界的汉子终于在家庭和事业上都取得了丰收的硕果。而立之年的沈从文的婚姻是美满的，后来的生活证实，张兆和不仅是沈从文在生活上的忠实伴侣，而且还是他文学事业上的有力助手。就在他结婚的一个月内，沈从文得到《大公报》的聘请函，从当年“学衡派”吴宓等人手里接编了该报的文艺副刊。这为沈从文从事的文学事业再次插上了一双腾飞的翅膀。

值得一提的是，当初和张兆和一起在青岛大学图书馆编中文书目的还有一位后来在中国非常有名的人物，她就是后来成为中国“第一夫人”的江青。当时，江青17岁，原名李云鹤，她在青岛大学除了在图书馆任职外还是沈从文任教的中文系的旁听生，她曾经写出让沈从文在全班同学面前称赞的一篇文章。为了感激沈从文对自己的赏识，江青当时甚至动了准备给沈从文织一件毛衣的想法。因此，江青与沈从文有着非常不错的师生关系。不过，当时的沈从文做梦也不会想到眼前这位女生后来居然在新中国文化领域能具备感动天地的巨大能量。江青在很多年后曾经说过一句话：最喜欢的老师是沈从文。“文革”中，沈从文被下放到湖北双溪参加生产劳动，其间有人知道沈从文曾经做过江青的老师，就劝他给江青写信，改变一下自己的被动局面，沈从文毫不犹豫地回绝了。1973年，难忘师生情的江青特意邀请沈从文到人民大会堂看文艺演出。令江青没有想到的是，沈从文却“不知趣”地坐在角落里，对江青的盛情不温不火。

这就是沈从文，他从来不想依附于任何政治团体或者人物，只想在文学艺术创作领域寻找人生的真谛，探求人类社会崇尚的美好意境。正如沈从文在散文《水云》中描述的那样：

为什么要挣扎？倘若那正是我要到的去处，用不着使力挣扎的。

我一定放弃任何抵抗愿望，一直向下沉。不管它是带咸味的海水，还是带苦味的人生，我要沉到底为止。这才像是生活，是生命。我需要的就是绝对的皈依，从皈依中见到神。我是个乡下人，走到任何一处照都带了一把尺，一把秤，和普遍社会总是不合。一切来到我命运中的事事物物，我有我自己的尺寸和分量，来证实生命的价值和意义。我用不着你们名叫“社会”为制定的那个东西，我讨厌一般标准，尤其是什么思想家为扭曲蠹蚀人性而定下的乡愿蠢事。这种思想算是什么？不过是少年时男女欲望受压抑，中年时权势欲望受打击，老年时体力活动受限制，因之用这个来弥补自己并向人间复仇的人病态的表示罢了。这种人从来就是不健康的，哪能够希望有个健康人生观。

第七节　主编天津《大公报·文艺副刊》

沈从文早就梦想有朝一日有自己的文学刊物。在1928年与丁玲、胡也频三人一起不惜余力合作编辑出版了文学刊物《红黑》《人间》，后来分别出了八期和四期后就因为各种原因被迫停刊；1932年又与朋友合办《小说月刊》，不久也因经费问题而告终。后来，沈从文跟随杨振声从青岛回到北京参与中小学教材的编写工作。1933年，《大公报·文艺副刊》邀请他们二人担任该刊主编，沈从文欣然应允，他准备把这个副刊当作是自己的阵地。正如以研究文学大家沈从文而著称于世的凌宇教授所说，“当沈从文有了自己的刊物与立足点时，他就很少在其他刊物上发表作品了。他与胡也频等筹办《红黑》时是这样，在他主编《大公报·文艺副刊》时也是如此。”

天津《大公报》是中国现代史上具有重大影响的报刊之一，1902年6月17日由著名革新派旗人英敛之（其后人有著名翻译家英若诚、著名导演和演员英达、英壮等）创刊于天津，当时刊载内容不曾涉及文艺创作。新文化运动之后，中国的文学事业百花齐放，现代白话小说、白话诗歌、散文等文学创作形式层出不穷。在这种形势下，《大公报·文艺副刊》于1933年9月23日创刊。当时，与《文艺副刊》一起创刊的还有《小公园》。1935年9月起，《文艺副刊》和《小公园》两刊合并为《大公报·文艺》。在沈从文、杨振声推荐下，由燕京大学毕业的萧乾接手编辑。萧乾后来去了英国，成为唯一一名见证了“二战”欧洲战场的中国记者。

1933年9月《大公报·文艺副刊》聘请的主编尽管是沈从文和杨振声，可从实际工作内容来看，杨振声以编教科书为主，《大公报·文艺副刊》具体编辑事务主要由沈从文负责。《大公报·文艺副刊》之所以选择沈从文，除了沈从文的文学作品在当时中国有一定地位之外，其次是《大公报·文艺副刊》当时的办报思路、处境与沈从文的文学观、生活状况有着很多的相似之处。

沈从文和杨振声尚未加盟编辑《大公报·文艺副刊》之前，《大公报》《文学副刊》主编是中国现代著名西洋文学家、国家大师、诗人吴宓。吴宓在国学上造诣很深，思想保守，对新文学采取了排斥的意见。为此，《大公报》创办人之一的胡政之就曾经说：“我就是嫌这个刊物编得太老气横秋。《大公报》不能只给提笼架鸟的老头儿看。”

《大公报》在20世纪30年代初已经非常“老气横秋”了。作为一家时事文化刊物而落后于时代，这是刊物负责人所无法容忍的。为了跟上文化时代的潮流，扭转报刊风格，报刊负责人决定更换编辑。此时，作为中国新文学后起之秀的沈从文已经名声乍起，在中国文化领域影响巨大，并且已经从上海回到北京。这些条件为沈从文出任天津《大公报》编辑创造了机遇。《大公报》的负责人很快发现了这一天赐良机。最终，沈从文的文学理想和生活机遇让他接受了《大公报·文艺副刊》的邀请，而沈从文一直期望能拥有一块充满自由民主思想的文学阵地的想法也由此变成了现实。

沈从文在文学创作上倡导自由和博爱，不加入任何流派和组织。这种立场和《大公报》的办报方针极为相似。在读者心目中，沈从文就是一位无党派作家，他的文学作品都在透露着这种自由的底蕴。当初，英敛之在《大公报》创刊号中曾经发表著名的《大公报序》，提出“大公”的含义是“忘己之为大，无私之为公”，向世人揭示了这份报刊的灵魂，他希望《大公报》能开启中国人民的智慧之门，富国强民。1926年“新记”改组《大公报》，依然继承了英敛之时期的这种观点，坚持“文人论政”的立场，顺应时代的潮流，并进一步将办报宗旨确立为“不党、不卖、不私、不盲”。《大公报》的核心理念和沈从文在文学创作上一直坚持民主主义政治立场，独立、自由，不参加任何党派和政治集团的思想不谋而合。沈从文文学思想主张与《大公报》的一致性，最终让《大公报》选择了沈从文，而沈从文也可以借助《大公报》向中国文学领域传播民主自由的创作理念。在沈从文的倡导下，《大公报》广泛关注新闻之外的文化领域，开辟了很多专刊、副刊，扶植了很多文化新人，让天津成为中国北方继北京之后的又一个文化主流阵地。

在沈从文的文学观念中，文学的独立性是其核心内容，他的创作、批评乃至一切的文学活动都与此相关。在20世纪二三十年代，沈从文看到了上海报业的变化及其给文学带来的影响：“中国新文学的势力，从北平转到上海以后，一个不可避免地变迁，是在出版业中，为新出版物起了一种新的竞卖，一切趣味的俯就……”由于商业竞争支配了很多人的趣味，甚至文学生产也不可避免地受到商业的操纵，沈从文对文学与商业结缘之后独立性的丧失深表忧虑，文学的独立意义在他心中被不断强化，他一再用“信仰”“职业的尊严”“宗教意识”来强调文学创作应当远离“白相”的游戏态度。

1933年9月23日，《大公报·文艺副刊》正式推出第一期，该期没有发刊词，主要刊登了杨振声的《乞雨》和沈从文本人的《记丁玲女士·跋》，另有卞之琳的新诗《倦》、林徽因的《惟其是脆嫩》等作品。《乞雨》表达了作者对政治影响文艺、过度左翼宣传的不满，认为上海文坛需要血泪的灌溉，报刊应该刊登反映天灾、剥削和战争等这些现实的内容。此文实际上代表了两位主编的态度和观点，起了发刊词的作用。林徽因在《惟其是脆嫩》中则真诚呼唤新文学的真实与激情。

沈从文担任《大公报·文艺副刊》主编后，在不长的时间内就和当时的《文学季刊》《文学杂志》一起在京津地区吸引了北方大批青年作家。他们在创作风格和思想观念上大致相同，在文学史上称为“京派”，沈从文是代表人物之一。沈从文在1933年10月18日《大公报·文艺副刊》第九期上发表《文学者的态度》一文，文章提出文学工作者应当具有自己事业的底线，应该以独立的人格和辛勤的态度从事文学写作。这篇文章和杨振声、林徽因当时写的文章遥相呼应，其文的中心思想是沈从文走上文学道路以来一贯坚持的立场，这也是在给自己《大公报·文艺副刊》的刊物规定方针。令沈从文没有想到的是，他这篇文章引起了当时“京派”与“海派”在文学方面的论战，而沈从文就成了“京派”的代表人物。其间，他认定商业和政治对文学的渗透会伤害文学的健康发展。为此，沈从文在《大公报·文艺副刊》上发表了十几篇文章强调自己的观点，比如《论“海派”》《打头文学》《知识阶级与进步》《关于海派》等。

从中我们可以看到，《大公报·文艺副刊》的办报宗旨以保持文学独立姿态的形式，准备让文学创作远离商人和政治的影响，以“形形色色的人物、悲剧喜剧般的人生”作题，让文学创作走进社会，走进人生。有了这样的定位，《大公报·文艺副刊》的总体文学表现形式也就迥异于当时主流文学的宏大叙事和政治主题了。有研究者做过这样的总结：“团结在‘文艺副刊’周围的京派作家，都是些现代知识者，秉承‘五四’芳烈的自由主义的精神……他们远离主流，徜徉在边缘，正如有位外国学者说他们站在已经向左倾斜的塔上瞭望着中国的社会和美学。”《大公报·文艺副刊》在沈从文的带领下成为京派文人实践自己文学理想的一块园地。在这里，京派文人的文学观念和文学构想能够从容展开、扩大，在当时的主流文学之外建构了一个属于他们自己的独特世界，这也使得京派作家的沙龙文学从客厅逐步走向了社会。

第八节 《边城》

1934 年，沈从文的作品《边城》开始在《国闻周报》连载，其作品具有抒情诗和小品文特有的优美情调，描述了湘西淳朴、优美、自然的民风，字里行间透露出湘西的人性美，展现在读者面前的是一幅充满诗情画意的乡村风俗画卷，非常富有民族地方色彩，形成了当时文坛上别具一格的抒情乡土文学。《边城》的问世，标志着沈从文的文学创作已经走向成熟，也奠定了他在中国文学史上堪称文学大家的地位。

《边城》成书于 1931 年，那正是沈从文爱情事业双丰收的一年。1931 年社会虽然动荡不安，但总体上还是稍显和平。这段时期，中国有良知的文人都在思考着人性的本质，沈从文是走在前沿的。于是，他希望通过对湘西的印象，描写出一个近似于桃花源的湘西小城，给都市文明中迷茫的人性指一条明路。人间尚有纯洁自然的爱，人生需要皈依自然的本性。在《边城》里，沈从文这样描述清纯少女翠翠：

……风日清和的天气，无人过渡，镇日长闲，祖父同翠翠便坐在门前大岩石上晒太阳。或把一段木头从高处向水中抛去，嗾身边黄狗自岩石高处跃下，把木头衔回来。或翠翠与黄狗皆张着耳朵，听祖父说些城中多年以前的战争故事。或祖父同翠翠两人，各把小竹作成的竖笛，逗在嘴边吹着迎亲送女的曲子。过渡人来了，老船夫放下了竹管，独自跟到船边去，横溪渡人，在岩上的一个，见船开动时，于是锐声喊着：

“爷爷，爷爷，你听我吹——你唱！”

爷爷到溪中央便很快乐的唱起来，哑哑的声音同竹管声，振荡在寂静空气里，溪中仿佛也热闹了一些。（实则歌声的来复，反而使一切更寂静一些了。）

有时过渡的是从川东过茶峒的小牛，是羊群，是新娘子的花轿，翠翠必争看作渡船夫，站在船头，懒懒的攀引缆索，让船缓缓的过去。牛羊花轿上岸后，翠翠必跟着走，站到小山头，目送这些东西走去很远了，方回转船上，把船牵靠近家的岸边。且独自低低的学小羊叫着，学母牛叫着，或采一把野花缚在头上，独自装扮新娘子……

仔细欣赏一下，可以在翠翠身上找到沈从文妻子张兆和的影子。曾经少女时期的张兆和据说清纯无比，皮肤有点儿黑，人称“黑牡丹”。

沈从文在描写少女翠翠青春萌动的心时，同样让人感觉淳朴可爱：

……翠翠睨着腰背微驼的祖父，不说什么话。远处有吹唢呐的声音，她知道那是什么事情，且知道唢呐方向，要祖父同她下了船，把船拉过家中那边岸旁去。为了想早早的看到那迎婚送亲的喜轿，翠翠还爬到屋后塔下去眺望。过不久，那一伙人来了，两个吹唢呐的，四个强壮乡下汉子，一顶空花轿，一个穿新衣的团总儿子模样的青年，另外还有两只羊，一个牵羊的孩子，一坛酒，一盒糍粑，一个担礼物的人。一伙人上了渡船后，翠翠同祖父也上了渡船，祖父拉船，翠翠却傍花轿站定，去欣赏每一个人的脸色与花轿上的流苏。拢岸后，团总儿子模样的人，从扣花抱肚里掏出了一个小红纸包封，递给老船夫。这是规矩，祖父再不能说不接收了。但得了钱祖父却说话了，问那个人，新娘是什么地方人，明白了，又问姓什么，明白了，又问多大年纪，一起皆弄明白了。吹唢呐的一上岸后又把唢呐呜呜喇喇吹起来，一行人便翻山走了。祖父同翠翠留在船上，感情仿佛皆追着那唢呐声音走去，走了很远的路方回到自己身边来。

祖父掂着那红纸包封的分量说："翠翠，宋家堡子里新嫁娘只十五岁。"

翠翠明白祖父这句话的意思所在，不作理会，静静的把船拉动起来。

到了家边，翠翠跑回家去取小小竹子做的双管唢呐，请祖父坐在船头吹"娘送女"曲子给她听，她却同黄狗躺到门前大岩石上荫处看天上的云。白日渐长，不知什么时节，祖父睡着了，翠翠同黄狗也睡着了……

沈从文在《边城》里描写的妓女，似乎也有一种纯美的性格：

……由于边地的风俗淳朴，便是作妓女，也永远那么浑厚，遇不相熟的人，做生意时得先交钱，再关门撒野，人既相熟后，钱便在可有可无之间了。妓女多靠四川商人维持生活，但恩情所结，则多在水手方面。感情好的，互相咬着嘴唇咬着颈脖发了誓，约好了“分手后各人皆不许胡闹”，四十天或五十天，在船上浮着的那一个，同在岸上蹲着的这一个，便皆呆着打发这一堆日子，尽把自己的心紧紧缚定远远的一个人。尤其是妇人，痴到无可形容，男子过了约定时间不回来，做梦时，就总常常梦船拢了岸，一个人摇摇荡荡的从船跳板到了岸上，直向身边跑来。或日中有了疑心，则梦里必见男子在桅上向另一方面唱歌，却不理会自己。性格弱一点儿的，接着就在梦里投河吞鸦片烟，强一点儿的便手执菜刀，直向那水手奔去……

《边城》是沈从文小说的代表作，是我国文学史上一部优秀的抒发乡土情怀的中篇小说。

作者以 20 世纪 30 年代川湘交界的边城小镇茶峒为背景，以兼具抒情诗和小品文的优美笔触，描绘了湘西边地特有的风土人情；借船家少女翠翠的爱情悲剧，凸显出了人性的善良美好与心灵的澄澈纯净。作品以独特的艺术魅力、生动的语言、纯美乡土风情吸引了众多海内外的读者，也奠定了《边城》在中国现代文学史上的地位。

中国著名作家汪曾祺在《又读〈边城〉》中曾经这样评价这部作品：《边城》的语言是沈从文盛年的语言，最好的语言。既不似初期那样的放笔横扫，不加节制；也不似后期那样过事雕琢，流于晦涩。他这时期的语言，每一句都“鼓立”饱满，充满水分，酸甜合度，像一篮新摘的烟台玛瑙樱桃。

《边城》，沈从文的小说，它究竟应该在文学史上占一个什么地位？金介甫在《沈从文传》的引言中说：“可以设想，非西方国家的评论家包括中国的在内，总有一天会对沈从文做出公正的评价：把沈从文、福楼拜、斯特恩、普罗斯特看成成就相等的作家。”总有一天，这一天什么时候来？

沈从文一生写下很多部小说和散文集，但是在他众多的作品之中，《边城》则占据着最重要的位置。可以毫不夸张地说：正是《边城》奠定了沈从文先生在文学史上的地位。1999 年 6 月，《亚洲周刊》推出了“20 世纪中文小说一百强排行榜”，对 20 世纪世界范围内用中文写成的小说进行了排名，遴选出前 100 部作品。参与这一排行榜投票的均是海内外著名的学者、作家，如余秋雨、王蒙、王晓明等。在这一排行榜中，鲁迅的小说集《呐喊》位列第一，沈从文的小说《边城》名列第二。但如果以单篇小说统计，《边城》则属第一。《边城》被译成日本、美国、英国、苏联等 40 多个国家的文字出版，并被美国、日本、韩国、英国等 10 多个国家或地区选进大学课本。

第九节 情系故土

1937 年，日军入土中原，中国抗日战争爆发。随着战事的不断吃紧，大批的政府机构和学校开始向中国西南地区转移。沈从文和一些大学教授在湘西出现了。很快，包括当时著名学者、作家闻一多在内的一些教授住进了沈从文的宅院里。当时，沅陵一代正在下大雪，凤凰城气温很低。擅长炖狗肉的沈从文这次在湘西家中给同行的教授们现场露了一手，大家吃着狗肉都赞不绝口。尤其是闻一多教授，一边吃狗肉，一边听沈从文讲一些湘西的民风民俗，感觉非常新奇有趣味。

教授们在这里歇息三天后继续向昆明进发，久不回乡的沈从文在家中暂住。此刻，在战场上受伤痊愈的沈岳荃从长沙回到家里，长时间不曾见面的弟兄们在家里相聚。

自从沈从文离开湘西到北京之后，湘西纷争不断。陈渠珍迫于内外的压力只得下野到省城长沙任闲职，湘西地方武装力量被国民政府改编为128师，沈岳荃是其中的一位团长。这支部队在“八一三”事变作战中损失很大，沈岳荃也身负重伤。这次痊愈回到家乡，沈岳荃准备招募抗日志士重返抗日前线。

国民政府为了抗战形势的需要，决定安抚湘西民众，就启用陈渠珍担任湘西第一届行署主任。听说沈从文在沅陵城，湘西的名流都深感惊讶，因为当时沈从文已经声名远扬，是读书人心目中的大作家。沈从文大哥沈岳霖就出面邀请陈渠珍和一些名流到家中做客。沈从文向昔日的老上级介绍了当时全国的抗战形势，号召大家要以抗日大局为重，将湘西建设成抗日的大后方。

沈从文的这次谈话对湘西的发展起到了举足轻重的作用。不久之后，龙云飞带领的苗族起义军和国民政府达成协议，八千苗族优秀子弟很快奔赴抗日前线，取得著名的“湘北大捷”，给气焰嚣张的日军以沉重的打击。

中国的抗战正在如火如荼地进行，沈从文在奔赴昆明之前还要送弟弟沈岳荃上前线。沈岳荃带领部分湘西子弟兵在几阵零落的鞭炮声中登船出发。沈从文看着这种景象，内心非常不平静。于是，继《边城》之后，沈从文的又一篇以描写湘西人民生活为题材的作品开始酝酿了。

抵达昆明两个多月后，沈从文开始创作《长河》。沈从文在1938年7月28日给当时还停留在北京的妻子张兆和的信里提到《长河》的创作问题："我已寄望舒文章十页，下期航信还可寄十页。"当时，著名诗人戴望舒担任香港《星岛日报·星座》副刊主编，沈从文就将《长河》发到这家副刊进行连载，先后共67次，但没有结尾。后来，沈从文曾经给妻子谈到这部作品：

我用的是辰河地方作故事背景，写橘园，以及附属于橘园生活的村民，如何活，如何活不下去；如何变，如何变成另外一种人。预备写六万字。……已夜十一点，我写了《长河》五个页子，写一个乡村秋天的种种。仿佛有各色的树叶落在桌上纸上，有秋天阳光射在纸上。夜已沉静，然而并不沉静。雨很大，打在瓦上和院中竹子上。电闪极白，接着是一个比一个强的炸雷声，在左边右边，各处响着。房子微微震动着。稍微有点疲倦，有点冷，有点原始的恐怖。我想起数千年前人住在洞穴里，睡在洞中一隅听雷声轰响所引起的情绪。同时也想起现代人在另外一种人为的巨雷响声中所引起的情绪。我觉得很感动。唉，人生。这洪大声音，令人对历史感到悲哀，因为它正在重造历史。

在抗战的烈火烧遍中华大地的时候，沈从文再次描写家乡的生活，描写一个不同于《边城》的"现实"湘西世界。

沈从文后来说，在《长河》刚刚构思时，只是一个中篇框架，可是他在创作过程中发现这个篇幅无法容纳湘西变动时期的历史含量，他就打算把《长河》写成多卷本的长篇。1942 年 4 月，沈从文开始补充修改《长河》第一卷，他在 5 月在给大哥沈云麓的信中说，“《长河》已 13 万字，不久可付印。”“……《长河》有 30 万字，用吕家坪作背景。”“……最近在改《长河》，一连两个礼拜，身心都如崩溃，但一想想，该作品将与 100 万或更多读者对面，就不敢不谨慎其事了。”

当时的情况是，桂林明日社正准备出版《长河》第一卷，但没想到 14 万字书稿被政府宣传部门扣押，后来经重庆、桂林两地审查后进行了删减，最后依然没有得到出版的机会。沈从文在 1943 年写的题记里描述当时国民政府给出的原因是：

从目下检审制度的原则来衡量它时，作品的忠实，便不免多触忌讳，容易成为无益之业了。因此作品最先在香港发表，即被删节了一部分，致前后始终不一致。原先重写分章发表时，又有部分篇章不能刊载。到预备在桂林印行送审时，且被检查处认为思想不妥，全部扣留，幸得朋友为辗转交涉，径送重庆复审，重加删节，方能发还付印。”这是面的话，“付印”仍然只是设想。一直到一九四五年一月，昆明文聚社终于出版了这部小说，因此前屡遭删节，出版时只剩十一万字。第六章《大帮船拢码头》的中间，竟印了一行“（被中央宣传部删去一大段）”

黄永玉在沈从文去世后曾经非常感慨地谈到作品《长河》的创作：“写《长河》的时候，从文表叔是四十岁上下年纪吧！为什么浅尝辄止了呢？它该是《战争与和平》那么厚的一部东西的啊！照湘西人本分的看法，这是一本最像湘西人的书，可惜太短。……写《长河》之后一定出了特别的事，令这位很难集中的人分了心，不能不说是一种损失。真可惜。”

最终，《长河》以一部未完成的长篇小说出现在中国文学史上。

湘西的生活在沈从文笔下再次得到了展现，淳朴的人们在演戏和看戏，一切都是在宽阔的环境里，在自然空间中，而不是在一个狭小局限的人为空间里。

收锣时已天近黄昏，天上一片霞，照得人特别好看。自作风流的船家子，保安队兵士，都装作有意无心，各在渡船口岔路边逗留不前，等待看看那些穿花围裙扛板凳回家的年青妇女。一切人影子都在地平线上被斜阳拉得长长的，脸庞被夕照炙得红红的。到处是笑语嘈杂，为前一时戏文中的打趣处引起调谑和争论。过吕家坪去的渡头，尤其热闹，人多齐集在那里候船过渡，虽临时加了两只船，还不够用。方头平底大渡船，装满了从戏场回家的人，慢慢在平静河水中移动，两岸小山都成一片紫色，天上云影也逐渐在由黄而变红，由红而变紫，天空无云处但见一片深青，秋天来特有的澄清。在淡青色天末，一颗长庚星白金似的放着煜煜光亮，慢慢的向上升起。远山野烧，因逼近薄暮，背景既转成深蓝色，已由一片白烟变成点点红火。……一切光景无不神奇而动人。

对于作品《长河》没有写完的情况，沈从文专门写了一篇《沈从文为什么没写完〈长河〉》来讲述其中的原因：

……因此我写了个小说，取名《边城》，写了个游记，取名《湘行散记》，两个作品中都有军人露面，在《边城》题记上，且曾提起一个问题，即拟将“过去”和“当前”对照，所谓民族品德的消失与重造，可能从什么方面着手。《边城》中人物的正直和热情，虽然已经成为过去了，应当还保留些本质在年青人的血里或梦里，相宜环境中，即可重新燃起年青人的自尊心和自信心。我还将继续《边城》在另外一个作品中，把当地农民性格灵魂被时代大力压扁曲屈失去了原有的素朴所表现的式样，加以解剖与描绘。其实这个工作，在《湘行散记》上就试验过了。因为还有另外各种忌讳，虽属小说游记，但对当前事情亦不能畅所欲言，只好寄无限希望于未来……

……所以我又写了两本小书，一本取名《湘西》，一本取名《长河》。当时敌人正企图向武汉进犯，战事有转入洞庭湖沼泽地带可能。地方种种与战事既不可分，我可写的虽很多，能写出的当然并不多。就沅水流域人事琐琐小处，它的过去、当前和发展中的未来，将作证明，希望它能给外来者一种比较近实的印象，更希望的还是可以燃起行将下乡的学生一点克服困难的勇气和信心！另外却又用辰河流域一个小小的水码头作背景，就我所熟习的人事作题材，来写写这个地方一些平凡人物生活上的“常”与“变”，以及在两相乘除中所有的哀乐。问题在分析现实，所以忠忠实实和问题接触时，心中不免痛苦，唯恐作品和读者对面，给读者也只是一个痛苦印象，还特意加上一点牧歌的谐趣，取得人事上的调和。作品起始写到的，即是习惯下的种种存在；事事都受习惯控制，所以货币和物产，于这一片小小地方活动流转时所形成的各种生活式样与生活理想，都若在一个无可避免的情形中发展。人事上的对立，人事上的相左，更仿佛无不各有它宿命的结局。

作品设计注重在将“常”与“变”错综，写出“过去”“当前”与那个发展中的“未来”，因此前一部分所能见到的，除了自然景物的明朗，和生长于这个环境中几个小儿女性情上的天真纯粹，还可见出一点希望，其余笔下所涉及的人和事，自然便不免黯淡无光。尤其是叙述到地方特权者时，一支笔即再残忍也不能写下去，有意作成的乡村幽默，终无从中和那点沉痛感慨。然而就我所想到的看来，一个有良心的读者，是会承认这个作品不失其为庄严与认真的。虽然这只是湘西一隅的事情，说不定它正和西南好些地方情形相差不多。虽然这些现象的存在，对外战争一来都给淹没了，可是和这些类似的问题，也许会在别一地方发生。或者战争已当真完全净化了中国，然而把这点近于历史陈迹的社会风景，用文字好好的保留下来，与“当前”崭新的局面对照，似乎也很可以帮助我们对社会多有一点新的认识，即在战争中一个地方的进步的过程，必然包含若干人情的冲突与人和人关系的重造……

……

一九四二年

第十节　乡土文学大师

到了80年代，沉寂了多年之后的沈从文的文学作品，首先开始在国外掀起了波澜。1980年10月27日，应美国一些大学的邀请，沈从文偕夫人张兆和去美国讲学。在三个月的时间里，沈从文在美国耶鲁大学、哥伦比亚大学、圣约翰大学、哈佛大学、华盛顿大学、普林斯顿大学、芝加哥大学、斯坦福大学、伯克利大学加州分校、旧金山州立大学、夏威夷大学等15所大学讲学23次，与当地文学界人士进行了多次交谈。他从美国东部到西部，最后到檀香山，一路阐述了一位中国老作家对文学创作的见解。沈从文讲学内容包括中国的新文学、中国古代的服饰，以及自己从文学写作转到物质文化史的研究的情况等。他在回答一位台湾作家的提问时说过这么一句话："我不相信命运，却相信时间，时间可以克服一切。"

11月7日，当沈从文正在美国哥伦比亚大学演讲时，同一天的《光明日报》刊登了一篇关于沈从文的文章，其中几句这样写："正当沈从文在国内被冷落的时候，国际上却掀起了一股'沈从文热'，……在香港，沈从文的选集出了100多种；在美国大学里，已经有四个人因为研究沈从文的作品而得了博士学位，有30多个青年研究沈从文的作品获得硕士学位；在香港、日本，正出版或翻译沈从文的全集或选集。"

随着海外对沈从文作品的关注，国内读者也翻开了记忆的扉页，年迈的沈从文开始渐渐进入人们的视野，他的作品再次呈现在国人眼前：中国各大出版社纷纷出版沈从文的作品。多年不曾见沈从文作品的新华书店里，人们尘封记忆中的沈从文的作品开始被摆到书架上。沈从文笔下湘西人民淳朴甜美的生活时隔几十年之后再次重温了读者的心田：翠翠和爷爷的渡口，扛枪的老战兵，还有湘西青年男女的对歌……

据说，中国的很多作家也喜欢沈从文的作品：沙汀喜欢《顾问官》，聂绀弩喜欢《丈夫》，曹禺曾经说沈从文的作品《丈夫》是了不起的作品，李准喜欢《萧萧》的主人公，还有不少人喜欢沈从文根据佛经故事改成的小说，更多的人喜欢《边城》……国外喜欢沈从文作品的人更多。著名汉学家、诺贝尔文学奖 18 位终身评委之一的马悦然也不例外，他身为瑞典皇家学院的中国通，曾经为瑞典人民翻译了很多沈从文的作品。当时，这些作品已经进入诺贝尔文学奖评委的视线。

1985 年 12 月 19 日，《光明日报》在头版头条的位置发表了《坚实地站在中华大地上——访著名老作家沈从文》一文，文章最后编者这样给沈从文下定论：沈从文是中国现代文学史里一名重要作家，他年高德劭。由于历史的误解，老作家曾经搁笔达 30 年之久，改为中国古文物研究，并在这个领域取得了非凡的成就。老作家没有因此计较个人的得失，依然豁达而坚定地站在中华大地上，体现了一位中国知识分子的高风亮节。

年迈的沈从文时时不忘湘西的家乡。有一次，当沈从文拿到稿费时，正值家乡的一所小学建图书馆需要资金，他毫不犹豫地从中取出一万元寄给了家乡。要知道，20 世纪 80 年代一万元的分量相当重：

当时中国沿海发达地区的人们都在向“万元户”迈进。

国家领导人也在关注着沈从文的生活。一直是在外漂泊的沈从文在住房上有很大问题。为了工作，沈从文需要在每天的中午到小羊宜宾胡同与家人吃午饭，随后需要带回一顿饭食、两片消炎片，去东堂子胡同上班工作。为此，时任中共总书记的胡耀邦在1986年给沈从文在崇文门东大街22号楼分到了一套新居。

此时的沈从文已经神志不清。沈从文二儿子沈虎雏在1987年8月24日把《抽象的抒情》拿给沈从文看，他看完后居然说：“这才写得好啊。”沈从文已经难以分辨自己的作品。据说，曾经因作品《百年孤独》获得诺贝尔文学奖的马尔克斯，到了晚年也不认识自己的作品。

沈从文在1988年5月10日下午会见黄庐隐女儿时心脏病忽然发作，张兆和扶着他躺下。沈从文说：“心脏痛，我好冷！”六点左右，他对张兆和说：“我不行了。”沈从文在神志模糊之前握着张兆和的手说：“三姐，我对不起你。”这是他留在人间最后的话。

1992年5月，沈从文妻子张兆和率领全家人送“沈从文”回归凤凰。沈从文的骨灰一半洒入绕城而过的沱江清流，另一半直接埋入墓地泥土。

假如用诺贝尔文学奖来测定一个作家的成就和地位的话，沈从文也算得上是颇有地位的一位。1988年5月，沈从文的作品已经进入诺贝尔文学奖评选的最终名单，但此刻且传来了沈从文去世的消息。马悦然通过大使馆确认沈从文去世的消息后，按照诺贝尔奖不颁给已故人士的惯例，沈从文作品的评选程序被迫停止。

研究者这样评论沈从文的作品：平静而哀怨，真实中透露出淡淡的诗意，美丽中透着悠长的感伤。沈从文写湘西乡下人，他钟情于未被都市污染的人们，对现代文明罩在人身上的暗影产生一种厌倦的情感。由于其独特的创作风格，沈从文在中国文坛被誉为“乡土文学之父”。

很多作家及其作品都曾经在中国现代文学史上一度声名显赫，但随着时间的推移，这些人和作品逐渐在远离人们的视野。但是，沈从文在上世纪三四十年代创作的作品反而距离人们越来越近。正如沈从文所说的那样：

“有些文章很年轻，到你成大人时，它还像很年轻！”